Ludwig Kerstiens
Erziehungsziele und Schulwirklichkeit

Ludwig Kerstiens

Erziehungsziele und Schulwirklichkeit

Prinzipien

Rückblick

Perspektiven

HERDER

FREIBURG · BASEL · WIEN

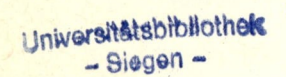

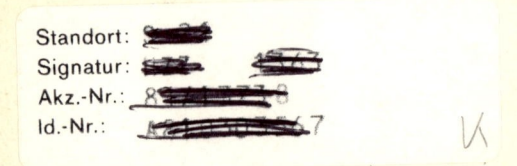

Alle Rechte vorbehalten – Printed in Germany
© Verlag Herder Freiburg im Breisgau 1980
Satzherstellung: Bruno Leingärtner, Nabburg
Druck und Einband: Freiburger Graphische Betriebe 1980
ISBN 3-451-19142-3

Inhalt

Vorwort 7

I. Kapitel: Grundfragen 9

  1. Begriffliche Abgrenzung 9
  2. Die Wirksamkeit von Erziehungszielen 14
  3. Die Begründung von Erziehungszielen 20
    a) Die juristische Begründung 22
    b) Die Begründung in evidenten Prinzipien 26
    c) Die Begründung in einer Anthropologie 28
    d) Die christliche Begründung 32
  4. Die Entscheidung für Erziehungsziele 37
    a) Funktional notwendige Erziehungsziele 39
    b) Human notwendige Erziehungsziele 41

II. Kapitel: Erziehungsziele und Schulwirklichkeit 1945 - 1975 47

  1. Der christliche Humanismus 47
  2. Die Bildung 50
  3. Existenzielle Du-Beziehung 53
  4. Die Ausschöpfung des Begabungspotentials und die wissenschaftsorientierte Bildung 55
  5. Die Bewältigung von Lebenssituationen 59
  6. Emanzipation 61
  7. Alternativen 66

III. Kapitel: Zielvorstellungen in der Gegenwart 67

  1. Die heutige Not 67
  2. Human-umfassende Zielsetzungen 75
  3. Human-profilierende Zielsetzung 80
  4. Die Offenheit für die Sinnsuche 86

IV. Kapitel: Erziehungsziele und Schulpraxis 90
   1. Lehrer und Schüler 92
   2. Der Unterricht 99
   3. Außerunterrichtliche Aktivitäten 108
   4. Die Schulorganisation 113

Schlußgedanken 118

Literaturverzeichnis 120

Vorwort

Jeder, der pädagogisch engagiert liest, was Dichter und Memoirenschriftsteller über die Schule zu sagen haben, bleibt betroffen zurück. Die Schule erscheint als der Ort kindlichen Leidens; Enttäuschung, Anklage und Protest lenken offenbar die Feder der Schreibenden. Sie müssen die Schule selbst als etwas Bedrückendes erlebt haben, als etwas Bedrohliches und Freudloses (vgl. Maier).
Auch die Kulturpolitiker und viele Eltern unserer Tage zeichnen nicht selten ein dunkles Bild der heutigen Schule: kognitive Überlastung, emanzipatorische Aufhebung von Traditionen und Ordnungen, Leiden unter dem Leistungsdruck durch lebensentscheidende Zehntelnoten. Diese Klagen sind weitgehend neu; aber das Bild der früheren Schule in der Literatur ist nicht weniger dunkel. Die wenigen liebevoll lächelnden, die Kindheitswelt verklärenden Darstellungen der Schule können den Gesamteindruck kaum korrigieren.
Wenn man dagegen liest, welch hehre Ziele gleichzeitig von den Pädagogen proklamiert wurden und welche Ideale in Verfassungen, Gesetzen, Schulordnungen und Lehrplänen formuliert sind, hat man den Eindruck, hier sei von einer ganz anderen Wirklichkeit die Rede. Dieser Kontrast ist bedrückend. Wenn wir heute über Erziehungsziele sprechen, können wir es nicht mehr, ohne das Auseinanderklaffen von Ziel und erlebter Wirklichkeit zu bedenken.
Lohnt es sich angesichts dieser Tatsachen überhaupt noch, Ziele für die Schule zu formulieren? Werden nicht auch sie nur immer neue Schul*konzeptionen* hervorbringen, ohne die Schul*realität* selbst zu verbessern? Man muß sich fragen, woher diese Diskrepanz kommt. Gewiß versagen manche Lehrer vor ihrer Aufgabe; das dürfte in allen Berufen ähnlich sein. Die realen Arbeitsbedingungen waren und sind oft völlig anders, als sie nach den Zielsetzungen sein müßten. Die Traditionen wirken in der Schule oft noch Jahrzehnte weiter, obwohl die kritische Reflexion zu neuen Zielen geführt hat. Neue Zielsetzung und Veränderung in der Schulwirklichkeit sind offensichtlich nicht identisch.
Dennoch scheint es mir aber unabdingbar, daß man auch heute fragt, welche Ziele in unseren Schulen maßgeblich sein sollen. Die Ziele der Vergangenheit sind nämlich trotz dieser Diskrepanz auch

in mancher Hinsicht wirksam geworden. Was zunächst vielleicht nur in wenigen Versuchsschulen erprobt wurde, was tatkräftige Reformer in einzelnen Freien Schulen verwirklichten, hat auf die Gesamtheit unseres Schulwesens gewirkt. Um des humanen pädagogischen Bezuges willen hat man in Jahrzehnten die Klassenstärke von über 100 Schülern auf durchschnittlich 25 bis 30 gesenkt. Die Kritik des strikt autoritären Gehorsams hat neue Formen des Umgangs zwischen Lehrern und Schülern ermöglicht. Die Ideen der Arbeitsschule in der Reformbewegung haben größere Eigentätigkeit der Lernenden begründet. Das Ziel der Entfaltung des Menschlichen in all seinen Dimensionen in Landerziehungsheimen und Waldorfschulen hat dazu beigetragen, immer wieder sich entwickelnde Einseitigkeiten in Frage zu stellen und wenigstens teilweise zu überwinden.

Allerdings standen auch am Anfang mancher Entwicklungen, die wir heute als Fehlentwicklungen bewerten, Ideen und Zielsetzungen; das gilt keineswegs nur für die totalitären Staaten. Oft waren es sogar berechtigte Ziele, die nur zu einseitig oder ausschließlich wirksam wurden. Gegen diese Entwicklung konnte man aber auch nur von anderen Zielen aus argumentieren und so Schlimmeres verhüten.

Wir sind daher auch heute verpflichtet, nach den Erziehungszielen für unsere Schulen zu fragen. Auch wenn man durch akzeptable Ziele nicht alle Mißstände beseitigen wird, auch wenn neue Zielvorstellungen vielleicht erst im Wechsel der Lehrergenerationen voll wirksam werden, *ohne* Zielklarheit kann man Bestehendes nicht kritisieren und verbessern, Neues nicht konzipieren und Schule und Unterricht nicht verantwortlich gestalten.

I. Kapitel
Grundfragen

1. Begriffliche Abgrenzung

Wer in diesen Jahren die kulturpolitische und pädagogische Diskussion verfolgt, stößt immer wieder auf irgendwelche Versuche, die wichtigsten Ziele der Erziehung zu formulieren oder mindestens mit ein paar exemplarischen Begriffen anzudeuten. Manche fassen ihre Vorstellungen unter dem Wort „human" zusammen, manche nennen lange Reihen von Zielbegriffen; wieder andere versuchen, die Ziele aus Prinzipien in systematischer Ordnung zu entwickeln.
Das ist gar nicht so selbstverständlich. Es gab Jahre, in denen sich die Diskussion ganz auf die Organisationsfragen konzentrierte; zu anderer Zeit sprach man hauptsächlich über die Auswahl der Bildungsgüter oder die Veränderung der Methoden und der Sozialformen des Unterrichts. Auch dabei wirkten sich natürlich Zielvorstellungen aus; aber sie schienen entweder so selbstverständlich, daß man nicht darüber zu sprechen brauchte, oder sie dienten nur instrumentell zur Rechtfertigung der Reformen. Heute ist das anders; schon eine kurze Übersicht über die erscheinende Literatur zeigt, daß die Klärung der Zielvorstellungen selbst ein hochaktuelles Thema ist – unter Kulturpolitikern, Erziehungswissenschaftlern und Pädagogen wie unter Lehrern und Eltern.
Was aber unter „Erziehungsziel" zu verstehen ist, dürfte viel weniger klar sein. Wir sprechen von „Pädagogisierung der Schule" oder von einer „*Wieder*gewinnung des Erzieherischen"; offensichtlich wird hier das Bemühen der Lehrer, daß ihre Schüler die Lernziele erreichen, nicht als Erziehung verstanden. Denn gelehrt und gelernt wurde doch zu jeder Zeit. Man (unter-)scheidet offenbar Erziehung und Unterricht und versucht dann nachträglich, im „erziehenden Unterricht" das Geschiedene wieder zu vereinen. Unterricht zielt scheinbar auf Erkenntnisse und Fertigkeiten, Erziehung auf soziale und sittliche Einstellungen und Verhaltensweisen. Lehr- und Lernziele scheinen die Schule zu viel, Erziehungsziele zu wenig bestimmt zu haben.

Andererseits wird als Ziel der Erziehung die Entfaltung des Menschen in all seinen Dimensionen gesetzt; dann muß man auch den Unterricht selbst als einen Erziehungsakt anerkennen. Manche möchten als Ziele nur genaue Verhaltensbeschreibungen gelten lassen; nur so wird beobachtbar und kontrollierbar, ob ein Ziel eindeutig erreicht ist. Andere betonen, daß nicht das konkrete Verhalten das Ziel sein kann, sondern die Fähigkeiten, Erkenntnisse, Einstellungen, die menschlichen Dispositionen, die in der unplanbaren gegebenen Situation ein angemessenes Verhalten ermöglichen. Solche Dispositionen sind aber nicht beobachtbar und lassen sich nur begrenzt auf konkrete Verhaltensbeschreibungen reduzieren. Manche Zielvorstellungen sind zugleich umfassend und diffus, wenn man etwa den „Menschen" zum „Maß der Schule" (Affemann) erklärt; andere sind scheinbar konkret wie „Disziplin" oder „Ordnung" (Mut zur Erziehung, S. 163), aber die Interpretation zeigt, wieviele Auslegungsmöglichkeiten und Konsequenzen für die Schule sich daraus ableiten lassen; wieder andere sind konkret wie operationalisierte Lernziele, lassen aber nicht erkennen, in welchem Sinnzusammenhang sie stehen.

Unter diesen Umständen muß mindestens kurz gesagt werden, was man unter „Erziehung" und „Erziehungsziel" verstanden wissen will. Mit Brezinka möchte ich unter *Erziehung* Handlungen verstehen, „durch die Menschen versuchen, die Persönlichkeit anderer Menschen in irgendeiner Hinsicht zu fördern" (Brezinka, S. 95). Natürlich stehen diese Handlungen in einem Kommunikationszusammenhang wechselseitiger Beeinflussung; Kinder können mit ihren Erwartungen und Widerständen Eltern erheblich bestimmen und ihre Persönlichkeitsentwicklung lenken. Dennoch ist das kindliche Handeln so lange kein Erziehen, wie es noch nicht auf eine solche Entwicklung zielt. Ebenso natürlich ist es, daß die Persönlichkeitsentwicklung durch die sachliche Umwelt und vielseitige Kommunikationsformen mitbestimmt wird; der Erzieher muß diese Einflüsse als Bedingungen für die Wirksamkeit seiner Impulse berücksichtigen. Aber die Einflüsse selbst sind keine Erziehung, im Gegensatz zu den Handlungen der Erzieher, die solche Einflüsse einschränken, verhindern, dulden, fördern oder selbst veranlassen, um die Persönlichkeit des anderen Menschen zu fördern.

Aus diesem Verständnis von Erziehung ergibt sich, daß als Erziehung nur Akte bezeichnet werden, die in irgendeiner Weise *ziel-*

orientiert sind. Dabei können die Ziele natürlich fast unbewußt und unreflektiert sein. Die Förderungsabsicht kann sich als allgemeine Einstellung zeigen, wie etwa die Mutter und auch der Lehrer sich in all ihrem Umgang mit dem Kind davon leiten lassen, daß „etwas Rechtes" aus ihm wird, ohne daß eine eindeutige Beziehung eines einzelnen Verhaltens zu bestimmten Teilzielen besteht. Ziele in diesem Sinne erscheinen oft so „selbstverständlich", daß man darüber gar nicht zu reden braucht. Es „gehört sich" einfach, diese oder jene Haltung zu beweisen oder bestimmte Erkenntnisinteressen zu entwickeln. Solange die ganze soziale Umgebung diese selbstverständlichen Ziele in ähnlicher Weise vertritt, sind sie sogar besonders wirksam, eben weil man nicht darüber zu reden braucht. Das Leben der Erzieher selbst, auch wenn es nicht bewußt vorbildlich sein soll, wird zur Erziehung, weil es die Ziele repräsentiert. Im alltäglichen Schulunterricht und -leben wirkten und wirken solche Ziele viel mehr als die Präambelformulierungen der Gesetze.

In einer Gesellschaft aber, die bis in ihre kleinsten Einheiten pluralistisch und individualistisch denkt, verlieren solche Zielsetzungen ihre Fraglosigkeit. Jeder sieht beim Nachbarn schon die Alternativen. In dieser Situation muß die Zielsetzung ins Bewußtsein gehoben, reflektiert, präzisiert, begründet und abgesichert werden. Für viele Zielkomplexe, die in den Schulen bis in die Gegenwart fast selbstverständlich waren, setzte diese Diskussion eben in den letzten Jahren ein.

Natürlich darf auch jetzt „erziehen" nicht auf die „Handlungen" reduziert werden, die den jungen Menschen bewußt und geplant zu den zuvor fixierten Zielen führen sollen. Erziehungshandlungen setzen selbst, wenn sie erfolgreich sein sollen, die gute Beziehung zwischen dem Erzieher und dem „Edukanden" voraus. Je mehr die Ziele die intimen, personalen Bereiche des Menschen betreffen, desto wichtiger ist diese Beziehung, die vor allen Handlungen steht. Soziale Verantwortung kann man eben nicht wie Tischsitten lehren. In manchen Erziehungsbereichen treten die bewußten und geplanten Handlungen fast ganz zurück; bei einer positiven Beziehung zu Lehrern oder Eltern lernt das Kind, indem es das vorgelebte „Lebensmodell" nachahmt und internalisiert, und zwar gerade dann, wenn die Erzieher spontan aufgrund der Situation und ihrer menschlichen Beziehungen handeln. Dennoch sind auch hier Erziehungsziele wirksam; das zeigt sich schon darin, daß auch ein solches Spon-

tanverhalten vom pädagogischen Gewissen zensiert und gegebenenfalls verändert wird, wenn man dies oder das „vor den Augen der Kinder" glaubt vermeiden zu müssen.
Jede Form der Erziehung ist also zielbestimmt. Als *Ziel* in diesem Sinne gilt aber nicht das konkrete Verhalten, sondern die *allgemeine menschliche Disposition,* die dem Verhalten zugrunde liegt: Persönlichkeitsstrukturen, Erkenntnisse, Fähigkeiten und Fertigkeiten, Haltungen und Einstellungen. Selbst wenn für den Unterricht in der Schule operationalisierte Lernziele formuliert werden, d. h. genaue Beschreibungen dessen, was der Schüler in der Prüfungssituation zeigen soll, will der Erzieher ja nicht dieses konkrete Verhalten, z. B. die Lösung einer Rechenaufgabe in der Klassenarbeit, sondern er will die allgemeine Fähigkeit des Schülers, ähnliche Aufgaben zu lösen. Die Leistung in der Prüfungssituation wird nur als Beweis dieser Fähigkeit angesehen. Offen bleibt allerdings die Frage, welche Dispositionen des Menschen in dieser Weise überprüfbar sind.
Erziehungs- und Lernziele kann man auf verschiedenen Abstraktionsstufen formulieren. Manche Erziehungsziele lassen sich, wie man in der Lernzieltheorie sagt, sowohl als allgemeine Richt-, als Grob- oder als Feinziele mit genauer Verhaltensbeschreibung formulieren; bei anderen, z. B. bei manchen ethischen Grundeinstellungen, ist das nicht möglich. Aber bei allen Zielen kommt es darauf an, sie soweit zu konkretisieren, daß sie wirkliche *Entscheidungshilfen in der Handlungssituation* sind. Eine Zielvorstellung kann nur dann Handlungen leiten oder auch auschließen, wenn sie genügend präzisiert ist. Wer etwa eine Erziehung „zur Freiheit" fordert, muß sagen, was er unter Freiheit versteht. Gilt der in Liebe und Treue Gebundene als frei? Ist die Freiheit des anderen die einzige Grenze der Freiheit? Sind Herrschaftsverhältnisse ein Gegensatz zur Freiheit? Erst wenn solche Fragen beantwortet sind, kann der Erzieher entscheiden, was er zu tun hat, um einen Menschen „zur Freiheit" zu erziehen; genauer: zur Fähigkeit, seine Freiheit durchzusetzen, oder: seine Freiheit verantwortlich wahrzunehmen.
Auch solche präzisierten Zielvorstellungen sind nur Entscheidungshilfen für den Erzieher, noch nicht genaue Erziehungsanweisungen. Es bleibt noch die Aufgabe, die Bedingungen des Erziehens zu berücksichtigen und den Entwicklungsstand des Menschen, der erzogen werden soll, um dementsprechend die Methoden zu wählen. Aber ohne eine Präzision helfen die Zielvorstellungen und großen

Worte wenig. Wenn man heute nach diesem Kriterium die Diskussion überprüft und etwa die Zielvorstellungen in Gesetzen analysiert, wird es verständlich, warum viele Ziele so wenig wirksam sein können. Der Vorwurf, die Zielworte seien bloße Leerformeln, ist nicht selten berechtigt.

Andererseits muß man allerdings auch sehen, daß manche Zielaussagen auf den Hörer wie eine Leerformel wirken, ohne es zu sein. Wenn eine Mutter sagt, sie möchte einen „rechtschaffenen Menschen" erziehen, dann wird der kritische Theoretiker fragen, was mit „Rechtschaffenheit" gemeint sei. Die Mutter wird es vielleicht nicht genau beschreiben können, aber in der konkreten Situation weiß sie doch ganz genau, daß dies oder jenes Verhalten mit ihrer Auffassung von Rechtschaffenheit nicht übereinstimmt. Die Zielvorstellung ist aufgrund ihrer ganzen Lebenserfahrung durchaus gefüllt, auch wenn ihre reine Aussage wie eine Leerformel aussieht. Ähnliche Überlegungen muß man wohl häufig bei der Interpretation von Zielvorstellungen anstellen, wenn man dem Sprecher gerecht werden will – z. B. auch dem Gesetzgeber, der ein Schulgesetz formuliert.

Ein letzter Gedanke ist bei diesem Verständnis von Erziehung und Erziehungszielen noch zu erwägen: Ist es nicht gefährlich, Erziehung in dieser Weise als ein zielorientiertes Handeln zu verstehen? Es könnte der Eindruck entstehen, als würden die Ziele vom Erzieher gesetzt und der andere Mensch, das Kind, sei das Objekt, das Material, in dem der Erzieher nun sein Ziel möglichst gut verwirklicht. Das Wort vom „Schülermaterial", aus dem man nichts Besseres machen könne, zeigt, wie relevant diese Gefahr ist. Erziehung wäre dann eigentlich nur noch ein technologisch gesteuertes Handeln, das Anwenden von geeigneten Methoden, um das Ziel bestmöglich zu erreichen.

Wer den anderen Menschen als Person versteht, könnte einem solchen Erziehungsverständnis nicht zustimmen, weil damit die Eigenständigkeit und Selbstbestimmung nicht respektiert wird. Die Würde der Person schließt die Unverfügbarkeit ein. Doch damit kommt man an ein unauflösbares Dilemma. Auch wer von allen Zielen absehen möchte, um einfach im alltäglichen Umgang dem anderen nahe zu sein und ihm so die notwendigen Hilfen zur Selbstfindung zu geben, wird dabei von Normvorstellungen bestimmt; es ist nur fraglich, wieweit er sich dessen bewußt ist. Man spricht mit dem

Kind in einer Muttersprache und erwartet durch das eigene Sprechen einen ganz bestimmten Sprachstil; man lebt aus religiösen oder areligiösen Grundüberzeugungen und bestimmt das Kind auch dann normativ, wenn man es davon fernzuhalten versucht. Eine bewußt „normfreie" Erziehung ist nicht normfrei, sondern nur der Versuch, die Freiheit von vorgegebenen Normen zur letzten Norm zu machen.

Die Achtung vor der Personalität des Kindes drückt sich daher nicht im Verzicht auf Erziehungsziele aus, sondern in der Art, wie man den anderen Menschen auf diese Ziele hinlenkt. Das Problem ist im Zusammenhang mit der Konditionierung des Menschen, der Verhaltensmodifikation und mit der Operationalisierung vorher festgelegter Lernziele in geschlossenen Curricula diskutiert worden. Hier kam man in die Gefahr, nach eigenen Zielen über den Menschen zu verfügen. Erziehen, auch Unterrichten, kann aber nur als ein Angebot, Impuls, Appell verstanden werden; der andere antwortet in eigenen Akten darauf. Auch die unerwartete und unerwünschte Antwort ist zu respektieren. Je intimer die jeweilige Entscheidung und je urteilsfähiger der andere Mensch ist, desto mehr Zurückhaltung ist geboten. Rechentechnik darf man bis zu einem gewissen Grade noch dressieren, Sexualtechniken gewiß nicht, wenn man die Personalität des Menschen achtet. Bei einem Kleinkind wird man noch manches bestimmen, was man dem Jugendlichen zur eigenen Entscheidung überlassen muß, auch wenn diese gegen den Willen der Eltern fällt. Aber in jedem Fall sind die Erziehungsakte, das Unterrichten, Appellieren, Mahnen, zielgeleitet. Über diese Ziele muß man sich und anderen Rechenschaft geben, vor allem, wenn ein Kind in Elternhaus und Schule verschiedenen Erziehern anvertraut ist. Daher kann sich niemand von der Aufgabe, seine Erziehungsziele zu klären, dispensieren.

2. Die Wirksamkeit von Erziehungszielen

Die einleitenden Gedanken über das Schul- und Lehrerbild in der Literatur werden davor bewahren, die Wirksamkeit von Erziehungszielen auf die Entwicklung junger Menschen zu überschätzen. Für den Mangel an Wirksamkeit gibt es viele Gründe.
Gerade wenn bestimmte Ziele mit großem Nachdruck in der Erzie-

hung vertreten werden, wird in der Jugendzeit die Erfahrung von Alternativen als Befreiung erlebt; im Zusammenhang mit der Autoritätskrise bekennt sich der Heranwachsende oft zum Gegenteil dessen, was die Eltern erstreben. Der Versuch, Zwang auszuüben, führt zu Bumerangwirkungen.
Doch auch die Unterschiede und Widersprüche zwischen den Erziehern, zwischen Vater, Mutter, Kindergärtnerinnen und Lehrern, können dazu führen, daß das Kind orientierungslos wird, sich dem jeweils stärksten Einfluß fügt, aber keine eigene Identität gewinnt: Die erstrebten Ziele heben sich gegenseitig auf. Je weiter der Heranwachsende seinen Lebenskreis ausdehnt – vor allem über das Fernsehen beginnt das sehr früh –, desto mehr bemerkt er, daß die Ziele der Erzieher und das wirkliche Leben der Menschen keineswegs übereinstimmen. Zielvorstellungen werden unglaubwürdig. Widersprüche gibt es auch zwischen den proklamierten Zielen und dem Leben der Erzieher selbst. Lehrer können nicht zur Gerechtigkeit erziehen, wenn sie einzelne Schüler bevorzugen, Eltern nicht zum Maßhalten, wenn sie im eigenen Konsum oder in der Äußerung ihrer Emotionen maßlos sind. Bei den Erziehungsinstitutionen ist es ähnlich: In einer Schule, in der 2000 Schüler unter Selektionsdruck arbeiten, kann man nicht zu gegenseitigem Verständnis und sozialer Beziehungsfähigkeit erziehen. Oft kommt es auch zu solchen Widersprüchen, weil die Erzieher oder Schulpolitiker rational neue Ziele vertreten, von ihrem eigenen Werdegang her aber anders geprägt sind und nicht über ihren Schatten springen können. Das gilt nicht nur im Bereich einer erneuerten Sexualerziehung, sondern etwa auch im Spannungsfeld von Autorität und Emanzipation. Es ist menschlich gar nicht so überraschend, daß Emanzipation bisweilen mit Macht oktroyiert werden sollte.
Die Klagen über die Schulzeit in der Literatur haben oft ähnliche Gründe. Entweder versagten die Lehrer, die selbst nicht ihren Zielen entsprechend handelten, oder die Institutionen mit ihren tradierten und unreflektierten „Selbstverständlichkeiten", ihren widerspruchsvollen Aufgaben und außenbestimmten Organisationsformen widersprachen den Aufgaben, die sie nach der Zielsetzung übernehmen sollten.
Es gibt aber noch einen weiteren Grund zur Klage: Zeitweise wurde die Schule so sehr von einer gerade aktuellen Zielsetzung bestimmt, daß sie dem Menschen nicht mehr gerecht werden konnte.

Das jüngste Beispiel hierfür ist die einseitig „wissenschaftsorientierte" Schule, die zu kognitiver Überlastung führte, zumal sie auch noch mit der Ausleseaufgabe betraut war. Hier liegt der Grund des Versagens nicht bei den Lehrern, auch nicht bei den inneren oder äußeren Widersprüchen, sondern bei der hohen Wirksamkeit der neuen Zielsetzungen, die nicht genügend ausgewogen waren. Der Mangel an ausreichend kritischer Zielreflexion hat zum Leiden der Kinder geführt, das vielleicht ein Schriftsteller dieser Generation einmal gestalten wird.

Jedenfals beruht der Widerspruch zwischen dem dunklen Bild der Schule, wie es Literatur und viele einzelne Berichte von Schülern und Pädagogen heute zeichnen, und den hehren Zielen nicht nur in einem Mangel der Wirksamkeit solcher Ziele überhaupt. Es sind mehr als Präambelproklamationen für Festreden und schön klingende Leerformeln. Mir scheinen die Zielvorstellungen äußerst wirksame Gestaltungsfaktoren; die Frage ist nur, ob sie immer zum Guten führen.

Die Art der Wirksamkeit ist jedoch recht unterschiedlich. Am stärksten wirken vielleicht die leitenden Vorstellungen, die am wenigsten bedacht werden, weil sie immer (noch?) für die meisten selbstverständlich sind. Früher galt das vielleicht für den Gehorsam, für die Bildungsidee im Bürgertum, für manche Normen und Tabus im Geschlechtlichen oder für die Heimatliebe. Heute sind es eher Vorstellungen von Lebenstüchtigkeit und Berufsqualifikation; daß man lernen muß, was man dafür braucht, ist fast unbestritten. Wirksam sind aber auch Zielvorstellungen, die die Erziehungsgeneration in der Phase ihrer eigenen Identitätsfindung aufgenommen hat, so daß sie ihr zu einer zweiten Natur geworden sind. Wenn man Eltern oder Lehrer beobachtet, kann man bemerken, wie stark sie damals geprägt worden sind. Vater oder Mutter, die aus einem autoritären Elternhaus kommen, neigen zur Überbetonung (oder totalen Ablehnung) von Autoritätsverhältnissen und Gehorsamserwartungen; unter den Lehrern kann man oft noch unterscheiden, wer seine pädagogische Identität mit Humboldt und Spranger, mit Buber und Guardini, mit Skinner oder Popper oder mit Habermas und Marcuse gefunden hat, auch wenn sich im Laufe der Jahre manche Zielvorstellungen modifiziert haben. Auch im Laufe des Wandels öffentlich proklamierter Ziele bleibt diese Erzieheridentität erhalten und steuert die einzelnen Erziehungsakte.

Wirksam sind schließlich die Erziehungsziele, die bewußt in der öffentlichen Meinung vertreten und politisch favorisiert werden. Kein Elternteil und kein Lehrer kann sich dem Druck ganz entziehen, wenn in allen Zeitungen, im Fernsehen, in Literatur und politischen Reden die Forderung nach Emanzipation oder heute nach einer Humanisierung der Schule ertönt. Er mag sich wehren, mag sich distanzieren, in seiner Erziehung wird er doch davon mitbestimmt.

Die Kanäle, auf denen die Zielvorstellungen in die Schule gelangen, sind zahlreich. Nicht nur die Lehrerpersönlichkeit läßt sie im Unterricht und Umgang mit den Schülern wirksam werden. Die Schulkonzeptionen, die sich in Schulgesetzen, Lehrplänen und Richtlinien, Erlassen und Verfügungen niederschlagen, spiegeln die je aktuellen Ziele vielleicht am deutlichsten. Auch wenn die Schulrealität nicht den Konzeptionen entspricht, wird sie doch massiv davon beeinflußt. Je mehr wir Schule bewußt gestalten, desto stärker werden diesen Einflüsse. Die Schulorganisation, denken wir nur an Gesamt- und Stufenschulen, wird nach solchen Zielvorstellungen konstruiert und oft wenig später wieder umgestaltet. Der Schulbau, der eng damit zusammenhängt, spiegelt Zielvorstellungen und wirkt sich oft noch Jahrzehnte später auf das Schulleben aus, obwohl längst andere Ziele gesetzt sind; die Dorfschulen oder preußische Schulkasernen zeugen dafür ebenso wie die unüberschaubaren Kombinate neuerer, aber schon wieder kritisierter Gesamtschulen. Erziehungsziele sind erst recht erkennbar in den schnell zu verändernden Stundentafeln, in den Lernzielen der neuen Lehrpläne und in den Büchern und Lehrmaterialien. Da Lehrer einerseits gehalten sind, Lehrpläne zu erfüllen, und andererseits sich in ihrer Unterrichtsvorbereitung durch Bücher und Materialien entlastet wissen, wirkt dieses Material selbst dann, wenn der Lehrer ihm skeptisch gegenübersteht. Nicht jeder Lehrer geht mit den Büchern so um, wie mein Geschichtslehrer in der nationalsozialistischen Zeit, der uns aus den vorgeschriebenen Büchern einfach vorlesen ließ, um in der nächsten Stunde, weil wir „so gut weitergekommen seien", die Epoche noch einmal, nun aber auf seine Weise, darzustellen.

Je nach Herkunft und Legitimation der Erziehungsziele kann man unterschiedliche Formen des Wirkens unterscheiden.

Die tradierten Vorstellungen, die der Erzieher in seiner eigenen Sozialisation übernommen hat, und die institutionell vorgegebenen Ziele sind oft unreflektiert, aber gerade deswegen bestimmend.

Man hat häufig die alten Lehrpläne ohne Lernziele kritisiert; ihre reinen Stoffangaben überließen es dem Lehrer, unter welchen Zielsetzungen er den Dorfteich bespreche oder Goethes „Faust" mit den Schülern lese. Das stimmt nur begrenzt. In Wirklichkeit wußte der Lehrer aus der Schultradition, was man bei solchen Themen erarbeiten sollte; Heimatliebe oder Bildungsidee leiteten den Unterricht „von selbst". Ebenso klar ist es in einer Institution wie der Schule, daß man zu einer gewissen Ordnung erziehen muß, auch wenn die öffentliche Meinung „law and order" gerade diffamiert.

Die persönlichen Ziele eines Lehrers bestimmen sein Tun, sein Unterrichten und seinen Umgang mit den Schülern. Die eigentlichen Erziehungsakte mögen mehr oder minder wirken, weil die Methoden vielleicht ungeeignet sind oder andere Erzieher gegenteilige Einflüsse ausüben. Aber wenn der Lehrer als Person von den Schülern akzeptiert und anerkannt wird, dann strahlen seine Auffassungen selbst bei didaktisch und methodisch unvollkommenem Handeln aus. Wenn man sich später an die Schule erinnert, denkt man gern an diese Lehrer zurück, von denen man die Liebe zur Dichtung, die Freude an der Musik, das faszinierende Interesse an mathematischen, physikalischen oder philosophischen Problemen gelernt und zugleich ein Bild überzeugender Menschlichkeit gewonnen hat.

Die kodifizierten Ziele in Verfassungen und Präambeln sind den meisten Lehrern gar nicht bekannt. Wenn sie in verordneten Konferenzen besprochen werden müssen, gewinnt man kein besonderes Interesse dafür. Es sind eben die Ziele, für die damals die erforderliche Mehrheit oder ein Konsens zu gewinnen war. Aber auch wenn diese Ziele nicht in dieser Formulierung wirken, sind sie keineswegs unwirksam. Großenteils formulieren sie nicht nur einen Konsens von damals, sondern Zielvorstellungen, deren Bedeutung oft in bitterem Erleben erfahren werden mußte oder die selbstverständlich seit Generationen akzeptiert sind. Auch wenn die meisten Lehrer die Ziele im Gesetzestext nicht kennen, unterrichten und erziehen sie doch diesen Zielen entsprechend. Wenn es aber einmal zum Konflikt kommt und eine Reform allzu einseitig in eine Richtung treibt, kann man sich auf diese fixierten Ziele bewußt besinnen und berufen. Gerade in den letzten Jahren hat sich diese Bedeutung der kodifizierten Erziehungsziele gezeigt.

Etwas anderes ist es, wenn Gesetzesformulierungen und Lehrplanpräambeln gerade die letzten reformerischen Ideen vorschreiben, um sie allgemein durchzusetzen. Bei solchen Zielen liegt ihre Kraft in dem Elan, mit dem die Reformer oder Revolutionäre sie vertreten. Nicht selten werden sie in ihrem missionarischen Eifer für eine Zielvorstellung von dem Bewußtsein getragen, nur so der Menschheit oder der jungen Generation das Heil bringen zu können. Eggersdorfers Aussage, Erziehung sei „Heilswille am Kind" (S. 37), bekommt hier oft einen ganz eigenartigen Sinn. Aber gerade diese reformerischen Erziehungsmissionare haben bisweilen die Unterstützung durch die öffentliche Meinung und irgendeine bestimmende Partei. Von daher beziehen die neuen Zielvorstellungen zusätzliche Kraft für ihre Wirksamkeit. Allerdings muß man sehen, daß diese machtvoll in kurzer Zeit durchgekämpften Veränderungen auf der Zielebene und in der Schulrealität meist keine lange Dauer haben. Der Deutsche Bildungsrat, ein zweifellos repräsentatives Gremium, stellte vor weniger als zehn Jahren die geplante Neuordnung mit weiter Zustimmung unter das Ziel der Wissenschaftsorientierung; die heutige öffentliche Meinung nennt dieses Ziel fast nur noch in Form der Anklage. 1970 war die „Emanzipation" in Hessen die erzieherische Leitidee schlechthin, an der alles zu messen war (Klafki, 1972, S. 30); 1978 nennt die „Allgemeine Grundlegung der Hessischen Rahmenrichtlinien" dieses Ziel überhaupt nicht mehr. Solche reformerischen Ziele erscheinen oft wie hochgehende Wellen auf dem See der Schulwirklichkeit, kommend und gehend. Aber damit kann man sich nicht beruhigen; denn die einzelne Schülergeneration ist eben diesen Wellen ausgesetzt und muß in ihnen ihr Lebensschiff steuern. Andererseits möchte man auch manchen reformerischen Zielen wünschen, daß sie nicht nur zeitweise die Oberfläche verändern, sondern wirksam die Erziehungsrealität umgestalten. Auch für solche Formen der Wirksamkeit gibt es Beispiele, wenn man etwa an die Verschiebung der Zielvorstellungen vom absoluten Gehorsam auf größere Selbstbestimmung denkt.

Eines dürfte allerdings klar geworden sein: man kann nicht durch neue Ziele, die einer Lehrergeneration verordnet oder auch von ihr in eigener Überzeugung vertreten werden, in der Schule „subversiv" (Beck, S. 152) wirken, um so gegen den Willen der Mehrheit eine neue Gesellschaft hervorzubringen. Dabei wird die Bedeutung der Erziehung überschätzt. Aber auch solche subversive Wirksamkeit neuer Zielideen ist eine Realität, denen große Gruppen von Kindern ausgesetzt werden.

3. Die Begründung von Erziehungszielen

Die Zielvorstellungen, die in der Erziehung wirksam sind, stammen größtenteils aus der Tradition; der Erzieher hat sie in der Phase seiner eigenen Selbstfindung aufgrund von Erziehung und Sozialisation gebildet. „Das Leben eines Menschen reicht nicht aus, die notwendigen Tugenden selbst zu erfinden, hier muß jeder aus den Erfahrungen früherer Generationen lernen" (Steinbuch, S. 7). Es dürfte schwerfallen, alle so entwickelten Zielvorstellungen hieb- und stichfest zu begründen.

Dennoch kommen wir Menschen immer wieder in Begründungszwang. Wir werden heute herausgefordert durch alternative Ziele, die von Menschen vertreten werden, die wir durchaus schätzen. Wir können unsere Identität nur wahren, indem wir unsere Ziele argumentativ verteidigen oder uns von der Berechtigung der anderen Ziele überzeugen lassen. Kinder sind unvermeidbar verschiedenen Erziehungseinflüssen ausgesetzt, wenn auch die „Allgemeine Erklärung der Menschenrechte" feststellt, daß in erster Linie die Eltern das Recht haben, „die Art der ihren Kindern zuteil werdenden Bildung zu bestimmen" (Art. 26). Daraus ergibt sich zwingend, daß die Eltern ihre Ziele vertreten müssen, damit die anderen Erzieher, vor allem die Lehrer in den Schulen, darauf Rücksicht nehmen können. Man muß versuchen, begründet zu annähernd gemeinsamen Zielen zu kommen, um die Kinder gemeinsam erziehen zu können, und begründet Respekt vor den eigenen Zielen zu verlangen, wenn es keinen Konsens gibt. Auch wenn Eltern einer weltanschaulichen oder religiösen Gemeinschaft eigene Schulen unterhalten, sind sie noch nicht in allen Zielfragen einig; außerdem müssen sie versuchen, auch Außenstehende, ja die gesamte Einfluß ausübende Gesellschaft für ihre Zielvorstellungen zu gewinnen, um die Kinder vor allzu widersprüchlichen Einflüssen zu sichern. Dieses Ringen miteinander bestimmt das Gespräch im Elternbeirat der Schule wie die kulturpolitische Diskussion in den Parteien. Auch Parlamente und Schulverwaltungen können nicht mehr einfach allgemein anerkannte Ziele formulieren und vorschreiben, sondern müssen ihre Zielvorstellungen begründen, um möglichst viele Parlamentarier, Lehrer und Eltern dafür zu gewinnen. In unserer Gesellschaft gerät so jeder in den Argumentationszwang, wenn er Erziehungsziele vertritt oder nach ihnen Kinder erzieht.

Der Diskurs muß geführt werden; ein weitgehender Konsens ist das Ziel. Dieser Konsens muß aber das eine Ziel einschließen: Achtung vor der Überzeugung des anderen. Denn wir wissen inzwischen, daß eine völlige Übereinstimmung nicht einmal durch Zwang und Gehirnwäsche zu erreichen und auch gar nicht wünschenswert ist. Der im Diskurs erzielte Konsens begründet nicht die Gültigkeit von Erziehungszielen für die einzelne Person. Er kann aber als Rechtfertigung dafür gelten, daß die im Konsens formulierten Erziehungsziele für die öffentliche Erziehung von Menschen unterschiedlicher Grundauffassungen verbindlich gemacht werden; insofern hat der Diskurs Legitimationskraft. Da wir Kinder gemeinsam erziehen müssen, darf man sich der Aufgabe nicht entziehen, im Diskurs nach einem Konsens zu suchen. Aber jeder einzelne für sich begründet seine Zielvorstellungen letztlich auf eigene Weise, weil er sich rational hat überzeugen lassen, weil die Ziele der Auffassung vom Menschsein entsprechen, die er und seine Gruppe für maßgeblich halten, oder weil religiöse Prämissen die Gültigkeit garantieren. Durch die rationalen Diskurse können diese Grundüberzeugungen zwar modifiziert, im Einzelfall auch radikal verändert werden; aber dazu gehört außer der Einsicht in die Argumente noch eine sehr persönliche Entscheidung, die nicht allein auf der rationalen Ebene fällt (vgl. Hammer, S. 60).

Wenn aber über Ziele rational gesprochen werden soll, muß es dafür bestimmte Argumentationsweisen geben. Tatsachen kann man mit empirischen Methoden erheben; über ihre Zusammenhänge kann man Hypothesen aufstellen, die sich überprüfen lassen. Ziele sind aber keine Ist-Aussagen, sondern Soll-Vorstellungen. Daß ein Ziel gelten soll, läßt sich nicht empirisch oder logisch beweisen, so wichtig empirische Forschungen und logische Analysen bei Prozessen der Zielklärung auch sind (vgl. Heid). Man kann sich auch nicht einfach auf die Lebenserfahrung berufen, in der sich gezeigt habe, daß es ohne die Verwirklichung eines Ziels nun einmal nicht gehe. Gewiß zeigt das offensichtliche seelische Leiden der Menschen, daß die Verwirklichung mancher Zielvorstellungen einem glücklichen Menschenleben widersprechen; aber das Prinzip, daß Menschen auf dieser Erde glücklich sein sollen, ist selbst keineswegs unbestritten.

Wie man also auch argumentieren will, man braucht in jedem Fall letzte normative Grundaussagen, auf die man sich bezieht. Wenn dann empirische Erkenntnisse über den Menschen als Gattung und über den einzelnen Menschen, über die jeweils gegebenen historisch erreichten Lebensverhältnisse, über die gesellschaftlichen Bedingungen des Lebens hinzukommen, lassen sich einzelne Ziele begründen.

a) Die juristische Begründung

Rössner hat schon 1972 (S. 617) den Vorschlag gemacht, man solle von *Menschenrechten*, die in der Allgemeinen Erklärung der Vereinten Nationen formuliert sind, als handlungsorientierender Grundlage ausgehen. Sie sind zweifellos inhaltsreich und lassen viele Folgerungen zu. Der Hauptvorzug besteht darin, daß hier nicht nur ein Konsens aller Völker gefunden wurde, sondern die Beschließenden überzeugt waren, Rechtssätze zu beschließen, die nicht erst durch den Beschluß gültig wurden, sondern ein vorstaatliches Recht formulierten, das jedem mit seinem Menschsein selbst zukommt. Daher sind auch die Menschenrechtsformulierungen des deutschen Grundgesetzes unveränderlich; in den Nürnberger Prozessen konnten „Verbrechen gegen die Menschlichkeit" bestraft werden, obwohl der Satz gilt: „Niemand kann wegen einer Handlung ... verurteilt werden, die im Zeitpunkt, da sie erfolgte, auf Grund des nationalen oder internationalen Rechts nicht strafbar war" (Menschenrechte, Art. 11). Zwar gab es im nationalsozialistischen Deutschland damals nicht entsprechende Strafgesetze, aber das Menschenrecht auf Leben und Freiheit (ebd. Art. 3) gilt nach dieser Auffassung auch ohne ausdrückliche Formulierung. Das Grundgesetz macht das vorstaatliche nur zu einem positiven Recht, das der Anwendung und Auslegung durch die ordentlichen Gerichte zugänglich ist.

Wenn man allerdings kritischer analysiert, was so vorgegeben ist, stellt man nicht nur fest, daß in vielen Staaten die Rechte nicht respektiert werden, sondern vielleicht aufgrund des erreichten Standes in der historischen Entwicklung noch gar nicht voll verwirklicht werden können. Wenn etwa Art. 21 feststellt, daß jeder Mensch das Recht hat, „an der Leitung der öffentlichen Angelegenheiten seines Landes unmittelbar oder durch frei gewählte Vertreter teilzunehmen", dann ist das offenbar heute in manchen Völkern noch nicht möglich; Demokratie in diesem Sinne setzt einen gewissen Entwicklungsstand voraus. Auch andere Rechtsformulierungen zeigen, daß hier kein zeitloses allgemeines Recht fixiert worden ist. Der Anspruch auf Staatsangehörigkeit (Art. 15), auf freie Willenseinigung bei der Eheschließung (Art. 16) oder auf Anerkennung als Rechtsperson (Art. 6) wäre in zahlreichen geschichtlichen Kulturstaaten gar nicht verstanden worden. Andere Rechte sind bewußt im Protest gegen „Tyrannei und Unterdrückung" (Präambel), die man gerade erlebt hatte, formuliert worden. Das Leiden der Menschen hatte ihre Bedeutung bewußt gemacht. Die Historizität auch der Menschenrechte ist nicht zu übersehen, wenn wir sie auch für uns als letztgültige Normen akzeptieren.

Schwierig wird dieser Weg, Erziehungsziele zu begründen, aber, wenn man bedenkt, wie viele Interpretationen Begriffe wie Freiheit, Brüderlichkeit, Gewissensfreiheit oder Bildung zulassen. Die verschiedenen Deutungen in den Staaten der Erde zeigen das recht deutlich. Als letzte gesicherte und zeitübergreifende Basis für die Ableitung der Erziehungsziele sind die Menschenrechte daher nur begrenzt geeignet. Die je eigene Auslegung müßte zuerst diskutiert werden.

Noch schwieriger scheint mir die Lage, wenn man sich mit dem Art. 2 des Grundgesetzes auf ein vorgegebenes „Sittengesetz" bezieht, um von ihm aus die Erziehungsziele zu begründen. Dieser Begriff ist auch in höchstrichterlichen Entscheidungen nicht genügend präzisiert, um eine unbestrittene Basis für die Argumentation sein zu können. Als regulative Idee können Menschenrechte und Sittengesetz aber bei der Argumentation hilfreich sein.

Die Zielformulierungen in den *Länderverfassungen* haben demgegenüber einige Vorzüge. Hier sind nicht nur Prinzipien angesprochen, aus denen man Erziehungsziele ableiten kann, sondern die Ziele sind ausdrücklich genannt. Damit werden die Ziele selbst juristisch verbindlich; ihre Erfüllung bei der Gestaltung des öffentlichen Schulwesens ist einklagbar. Jeder Staatsbürger hat diese Ziele zu respektieren, unabhängig davon, wieweit sie Ausdruck seiner persönlichen Überzeugung sind. Es ist daher verständlich, wenn man sich heute wieder auf die Verfassungsziele besinnt und die Gestaltung des Schulwesens an ihnen orientiert. Das war nicht immer so; in der Zeit der Reformeuphorie hat man die Verfassungsziele zum Teil völlig ignoriert: die Befähigung, Konflikte durchzukämpfen, ließ die Friedensliebe in den Hintergrund treten; die Heimat-

kunde konnte man abschaffen, ohne das Ziel „Liebe zu Volk und Heimat" überhaupt zu bedenken. Seit man aber nun wieder nach einer gemeinsamen und umfassenden Zielorientierung sucht, findet man sie doch in der juristischen Berufung auf die Verfassung. Kennzeichnend ist die Arbeit im Bayerischen Institut für Schulpädagogik. Dort hat man zunächst nach einer konsensfähigen Basis für die Zielorientierung gesucht, indem man die Zielaussagen der Parteien, Kirchen, gesellschaftlichen Gruppen und Wissenschaftler auswertete; auf diesem Wege kam man aber nicht zum Ziel. Daher zog man sich auf die Interpretation des Art. 131 der Bayerischen Verfassung zurück und legte 1979 eine erste Formulierung der daraus abgeleiteten Zielsetzungen vor. In anderen Ländern wird ähnlich gearbeitet, wenn man auch immer mehr erkennt, wie schwierig es ist, für die Interpretation einen Konsens zu finden und so abgeleitete Ziele von oben zu verordnen.
Diese Argumentationsweise hat ihre deutlichen Grenzen. Die Ziele sind in einer bestimmten historischen Situation formuliert worden. Dem Verfassunggeber war das durchaus bewußt: „Angesichts des Trümmerfeldes, zu dem eine Staats- und Gesellschaftsordnung ohne Gott, ohne Gewissen und ohne Achtung vor der Würde des Menschen die Überlebenden des Zweiten Weltkriegs geführt hat ... gibt sich das Bayerische Volk ... nachstehende demokratische Verfassung" (Präambel). Für andere Länder gilt im Text erkennbar dasselbe. Wenn heute die Ziele formuliert würden, wären sie anders. Es ist kennzeichnend, daß das Bayerische Staatsinstitut in seiner Interpretation den Abs. 4 von Art. 131 ausläßt: „Die Mädchen sind außerdem in Säuglingspflege, Kindererziehung und Hauswirtschaft besonders zu unterweisen". Welches Parlament hätte 1970 wohl die notwendigen Mehrheiten bekommen für „Ehrfurcht vor Gott" (NRW und andere), „Liebe zu Volk und Heimat" (BW, NRW), Befähigung für die „Aufgabe in Familie und Gemeinschaft" (Saarland) oder Erziehung zum „Arbeitswillen" (Bremen)?
Diese Artikel sind zwar prinzipiell veränderbar, aber eine Ergänzung der Verfassungen in diesem Bereich aufgrund neuer Einsichten und Erfahrungen scheint nicht erreichbar zu sein. Höchstens auf Gesetzesebene werden sie formuliert (z. B. Schulgesetz in BW vom 23. 3. 1976). Anderseits hat man allgemein das Gefühl, daß die historisch bedingten Zielsetzungen einer tiefgreifenden Interpretation bedürfen, um aus ihnen eindeutige und präzise Zielvorstellungen

für die heutige Schule zu gewinnen. Das Bayerische Staatsinstitut für Schulpädagogik spricht das ausdrücklich an (S. 2). Diese Interpretation kann sich zwar an Urteilen der höchsten Gerichte orientieren, aber das führt über die juristische Legitimation nicht wesentlich hinaus. Die Interpretation muß selbst aufgrund zahlreicher Anregungen verschiedener Art, nicht zuletzt aus der wissenschaftlichen Zieldiskussion, zu einem schöpferischen Akt der Zielsetzung werden, und dafür ist eine überzeugende Argumentation notwendig, die nicht mehr durch den Rückbezug auf Verfassungsartikel voll abgesichert ist.

An eine solche Begründung von Erziehungszielen sind noch viele Fragen zu stellen. Man muß überlegen, wieweit juristisch abgesicherte Ziele durchsetzbar sind, da sich Menschen zunächst mit den Zielen identifizieren müssen. Auch ein atheistischer Lehrer steht unter dem Verfassungsanspruch, zur Ehrfurcht vor Gott zu erziehen. Es ist zu fragen, wieweit der Staat überhaupt legitimiert ist, Ziele zu setzen, ohne Gewissensfreiheit und Erziehungsrecht der Eltern zu beeinträchtigen.

Aber trotzdem scheint mir dieser Weg der Zielbegründung nicht sinnlos. Auch wenn solche Verfassungsartikel nur mehr oder minder vollständige Zielkataloge bieten, sind sie meist doch umfassender als die jeweils aktuellen, dominierenden Reformziele. Daher kann die Besinnung auf die Verfassung dazu führen, verdrängte und vergessene Ziele wieder bewußt zu machen und von Einseitigkeiten wieder zur „Ganzheit" (Maunz, S. 95) zurückzuführen. Die Verfassung wird auch zum Impuls, grundlegende Ziele mit neueren Auffassungen zu konfrontieren; aus einer solchen Konfrontation können durchaus, wie die bayerischen Versuche zeigen, neue Vorstellungen erwachsen. Schließlich muß in einem demokratischen Staatswesen von allen Bürgern erwartet werden, daß die Verfassung ernst genommen wird; sie darf nicht als eine Größe verstanden werden, die man ungestraft ignorieren kann, wenn das gesellschaftliche Leben überhaupt gelingen soll. Ausreichend ist aber diese Argumentation sicher nicht, weder für eine umfassende Gestaltung des Schulwesens noch für die Überzeugung des einzelnen Erziehers. Daher sind noch weitere Argumentationsweisen zu prüfen.

b) Die Begründung in evidenten Prinzipien

Da Verfassungsartikel historisch bedingt sind und teilweise nur den Konsens im Augenblick des Beschlusses widerspiegeln, ist es wohl notwendig, nach letzten evidenten Prinzipien zu fragen. Sie sind inhaltlich natürlich nicht so gehaltvoll, aber dafür kann man sie mit Fug und Recht wohl nicht bezweifeln. Wenn man solche Versuche jedoch näher analysiert, zeigen sich auch bei dieser Argumentationsweise besondere Probleme.

Heid hat schon 1972 darauf hingewiesen, daß man außer empirischen Aussagen über den Menschen und seinen Lebensraum mindestens eine Norm- oder Soll-Aussage als oberste Prämisse braucht, wenn man Erziehungsziele ableiten will. Gibt es eine solche Soll-Aussage, die intersubjektiv gültig ist? Heid bejaht diese Frage: „Durch die psychosomatische Organisation des Menschen werden faktisch ganz bestimmte Grund- und Folgewertungen bestimmt, die gelten müssen, sofern der Mensch ‚Ja' zu seiner eigenen Existenz sagt. Von der letzten Grundentscheidung, dem ‚Ja' zur eigenen Existenz, das nun aber tatsächlich unvermeidbar und unvertretbar zu sein scheint, lassen sich eine Fülle von weiteren Zielsetzungen und Werturteilen strukturieren und ‚erklären'" (S. 579).

Aber der oberste Normsatz „meine Existenz soll gesichert werden" oder „die Existenz der Menschen soll gesichert werden" zeigt bereits das Problem solcher Begründungen in letzten Prinzipien. Was ist mit „Existenz" gemeint? Gewiß nicht das reine Vegetieren des Individuums. Eine Seite weiter formuliert Heid bereits: „Wenn ich das eigene und soziale Leben einmal bejaht habe...". Es wird auch aus der Tatsache, daß man über Zielsetzungen und Werturteile spricht, entnommen, daß man dabei eine – wenn auch beschränkte – Kompetenz und Freiheit zu entsprechendem Handeln voraussetzt. Der Versuch rationaler Zielbegründung setzt Rationalität voraus. So entwickelt sich aus dem unbezweifelbaren Prinzip in einer Auslegung des Begriffes „Existenz" eine Kernanthropologie. Wenn der Existenzbegriff nicht einerseits völlig vage bleiben und andererseits nicht zu einer speziellen philosophischen Anthropologie wie in der Existenzphilosophie führen soll, läßt sich das gar nicht umgehen. Es bleibt aber die Frage offen, ob man auf diesem Wege wirklich das Wesentliche menschlicher Existenz trifft; wenn das nicht gelingt, müßten so abgeleitete Zielsetzungen zwar angemessen, aber einseitig und unzureichend sein. Die These, daß das für alle zwingend anzuerkennende Prinzip das für das Menschsein Wesentliche zum Ausdruck bringt, ist jedenfalls nicht beweisbar.

Ähnliche Probleme scheinen sich mir bei König zu ergeben, der diese Argumentationsweise aus Prinzipien am überzeugendsten entfaltet. Er nennt zwei Primärziele: die intersubjektive Kommunikation (Diskurse sollen intersubjektiv geführt werden) und die Lebenssicherung (die zur Lebenssicherung erforderlichen Bedürfnisse sollen befriedigt werden) (S. 165). König sagt an dieser Stelle selbst, daß „Lebenssicherung dabei mehr bedeutet als bloßes Vegetieren" (S. 169), aber daß es bisher nicht gelungen sei, einen Kanon von Grundbedürfnissen aufzustellen (vgl. Zimmerli). Er versucht eine Kombination der beiden Primärziele: „Gerechtfertigt ist die Art der Lebenssicherung, die (möglichst) intersubjektive Kommunikatioon ermöglicht" (S. 170). Wenn die intersubjektive Kommunikation als Teilnahme der Menschen am Diskurs (S. 165 f.) interpretiert wird, dürfte diese metatheoretische Norm wiederum richtig, aber unzureichend sein. Rationalität und Sprachfähigkeit werden überbetont, Emotionalität oder personale Liebesbeziehung treten zurück. Eine Kernanthropologie vom Begriff der intersubjektiven Diskursfähigkeit aus führt zur Einseitigkeit in den Zielvorstellungen.

Auch Rülcker geht in seiner Begründung der Erziehungsziele von zwei Prinzipien aus: Die unveräußerliche Würde des Menschen und die Forderung, daß jeder zum gemeinsamen Wohlbefinden beitragen und seinen angemessenen Anteil davon bekommen muß, scheinen ihm grundlegend zu sein. Er findet die Erziehungsziele, indem er fragt, wie der Mensch unter Beachtung dieser Prinzipien in Kleingruppen, im Arbeitsbereich, in Gesellschaft und Staat leben könne. Rülcker ist sich aber bewußt, daß er keine zeitlosen, logisch zwingenden Prinzipien-Aussagen macht; er beruft sich ausdrücklich auf Naturrechtsdenken, Aufklärungsphilosophie und sozialistische Gesellschaftstheorien (S. 114). Auch wenn ich ihm in fast allen abgeleiteten Zielsetzungen zustimme, kann diese Ableitung nicht voll befriedigen. Die Prinzipien selbst sind vielseitig ausgelegt und selbst noch begründet worden: Worin besteht und gründet die „Würde des Menschen"? Was heißt Wohlbefinden? Was geschieht mit den Menschen, die noch nicht oder nicht mehr zum gemeinsamen Wohlbefinden beitragen können? Auch die Zusatzannahmen

über Familie, Gesellschaft und Staat bedürfen noch einer Überprüfung, vor allem unter der Frage, ob sie zureichend sind.
Eine logisch schlüssige Entwicklung von Erziehungszielen aus obersten, faktisch unbezweifelbaren Normsätzen scheint eine faszinierende Aufgabe, da sie am ehesten die metatheoretischen Erwartungen an die Wissenschaft erfüllt. Aber sie hat offenbar ihre unüberwindbaren Grenzen. Die zwingenden obersten Normsätze, die sich aus der Bedingung der Möglichkeit des Diskurses ergeben, sind nicht inhaltsreich genug, um daraus ein System der Erziehungsziele zu entwickeln. Die Grundbegriffe – Existenz, Kommunikation, Diskurs – bedürfen einer Interpretation; daraus ergibt sich notwendig eine Kernanthropologie, ohne daß geklärt ist, ob diese zwingenden Normsätze das Wesentliche des Menschen zureichend berücksichtigen. Wenn sie das, wie mir scheint, nicht tun, müssen die abgeleiteten Ziele einseitig werden, was sich z. B. in der Überbetonung der Rationalität zeigt. Wenn man die Prinzipien dagegen aus der geschichtlichen Tradition übernimmt, sind sie rational nicht mehr zwingend, noch weiter auslegbar und auch nicht unbedingt umfassend genug.
Es zeigt sich außerdem, soweit ich sehe, daß derart wissenschaftlich abgeleitete Erziehungsziele von den Erziehern und Kulturpolitikern kaum aufgenommen werden und die Praxis bestimmen. Offenbar gehört zur Identifikation mit Erziehungszielen mehr als die rationale Stringenz ihrer Ableitung.
Dennoch scheinen mir solche Versuche nicht sinnlos, da sie ein allzu willkürliches Proklamieren von Zielen in Frage stellen und selbst zu neuen Impulsen führen können. Bisher gibt es allerdings nur erste Ansätze für eine solche Ableitung der Erziehungsziele aus letzten Prinzipien.

c) Die Begründung in einer Anthropologie

Die Versuche, Erziehungsziele in obersten Prinzipien zu begründen, führen zu einer Kernanthropologie, die durch die Bedingungen der Formulierung begrenzt bleibt. Es scheint daher weiterzuführen, wenn man darauf verzichtet, daß die prinzipiellen Aussagen unbezweifelbar und zwingend sind, dafür aber umfassender sagt, was zu einem „wesensgemäßen Menschsein" gehört. Diesen Weg gehen alle, die ihre Aussagen damit begründen, ohne diese oder jene Erkenntnisse, Einstellungen, Fähigkeiten sei ein menschenwürdiges, humanes Leben und Zusammenleben nicht möglich. Der Begründungsprozeß kann dabei in zweierlei Richtung verlaufen. Entweder bekennt man sich zu einer bestimmten anthropologischen Grundauffassung und leitet daraus unter Berücksichtigung der Lebensumstände Ziele ab, oder man ist von bestimmten Zielen aufgrund der Tradition und eigenen Sozialisation überzeugt und sucht sie nun anthropologisch zu begründen. Psychologisch gesehen, dürften beide Arten der Begründungsprozesse miteinander verbunden sein.

Immer wieder sind Versuche gemacht worden zu sagen, was den Menschen zum Menschen macht. Das Wesen des Menschen sollte ausgesagt, möglichst sogar definiert werden. Aber auch in manchen anthropologischen Systemen, in denen nicht ausdrücklich von einer Wesensdefinition die Rede ist, liegt eine solche Wesens-Anthropologie erkennbar zugrunde. Wer den Menschen als ein zoon logon echon, ein animal rationale, ein zoon politikon versteht, kann daraus Erziehungsziele begründen. Wenn Marx die Emanzipation des reinen „Gattungswesens Mensch" fordert, hat auch er eine Vorstellung von dem, was diese Gattung auszeichnet. Wer in der Nachfolge Kants das Wesen des Menschen im Ich sieht, das, teilhabend an der transzendentalen Vernunft, nach allgemeinen Normen zu seinem Leib, seinen Gefühlen und seinem Verhalten Stellung nimmt, setzt damit ganz bestimmte Rangordnungen. Man kann aber das Wesen des Menschen auch in der Einheit sehen, in der Leiblichkeit, Gefühl und Geistigkeit nur verschiedene Dimensionen sind. Freiheit wird nicht selten als das Wesentliche verstanden, ohne daß die Rückbindung an transzendentale Vernunftnormen mitgedacht wird. Eine Personale Pädagogik sieht das Wesentliche in der Personalität, die erst in der Ich-Du-Beziehung verwirklicht werden kann. Sie läßt sich christlich aus der Schöpfungs- und Erlösungslehre deuten.

Man könnte die Reihe noch lange fortsetzen. Alle Begründungen von Erziehungszielen in anthropologischen Grundüberzeugungen zeigen aber die gleichen Probleme. Offensichtlich gelingt es nicht, das Wesen des Menschen abschließend zu definieren. Es gibt nicht nur eine Geschichte der Reflexion über das Wesen des Menschen, sondern sogar eine künftige Geschichte der weiteren Entwicklung und Entfaltung dessen, was wir heute als menschlich-wesentlich verstehen. Alle Definitionsversuche können zwar umfassender sein als die zuvor angesprochenen „Kernanthropologien", sie bleiben aber Akzentuierungen bestimmter, historisch als zentral empfundener Seiten des Menschseins. Gerade die Reihe der bekannten Anthropologien zeigt, daß nicht jeweils falsche Lehren durch richtigere abgelöst wurden, so daß wir heute die vollkommenste erreicht haben, sondern daß immer besondere Aspekte hervorgehoben wurden, die den Blick auf andere menschliche Seiten zugleich verstellen. Die historisch folgenden Lehren hoben dann jeweils vergessene und verdrängte Aspekte hervor.

Die Konsequenzen für die Lehre von den Erziehungszielen sind eindeutig. Jede Anthropologie hebt besondere Ziele ins Bewußtsein und vernachlässigt andere. Die Tugendlehre drängt die freie Spontaneität menschlichen Handelns in den Hintergrund; eine kantische Pädagogik kann das Gefühl nur als etwas erfassen, das vernünftig geordnet und der Pflicht unterworfen werden muß; einer freiheitlich-emanzipatorischen Pädagogik erscheinen fast alle Bindungen als repressiv; Personale Pädagogik übersieht oft die Qualifikationen, die für das gesellschaftliche Leben notwendig sind.

Es liegt daher nahe, daß man integrierende Versuche macht, indem man Anregungen sowohl der empirisch-deskriptiven wissenschaftlichen als auch der philosophischen und theologischen Anthropologien aufnimmt. Dabei sind allerdings klare Unterscheidungen notwendig. Die empirischen Human- und Sozialwissenschaften vermitteln eine Fülle von Erkenntnissen über das reale Verhalten der Menschen unter den verschiedenen Lebensbedingungen. Anthropologie in diesem Sinne kann jedoch nicht als Normprinzip bei der Begründung von Erziehungszielen dienen. Sie bietet aber Erkenntnisse, die bei Aussagen zu einer normativen Anthropolgie, zum Wesen von Humanität berücksichtigt werden müssen, weil sie etwas über die Realisierbarkeit der normativen Erwartungen aussagen. Vorstellungen über das wesentlich humane Leben, die nicht realisierbar sind, helfen dem Erzieher gar nichts. Außerdem können diese „realanthropologischen" Einsichten Anregungen sein für den, der philosophisch oder theologisch nach begründeten Aussagen über das wesentlich Humane sucht (Hammer: „Sinn-Anthropologie", S. 11.)

Auf ein weiteres Problem muß noch aufmerksam gemacht werden: Jede Bestimmung des „Wesens der Menschen" kann in doppelter Weise verstanden werden. Oft meint man eine Ist-Aussage. Mit anderen Worten: Wenn ich ein Lebewesen „Mensch" nenne, setze ich voraus, daß in ihm das „Wesen des Menschen" bereits realisiert ist. Insofern ist auch das Kind vor der Geburt, der geistig Gestörte, der Schwerverletzte im Koma in vollem Sinne Mensch. Er verdient Achtung vor seiner Würde; sein Leben ist unverfügbar. Es wäre aber unsinnig, aus einer solchen Wesensdefinition Erziehungsziele ableiten zu wollen, weil das Wesen nicht durch erzieherische Hilfen beim Erziehungsprozeß, sondern – christlich gesprochen – durch die Schöpfung realisiert ist.

„Wesen" versteht man aber auch als den Inbegriff dessen, was der Mensch sein soll. Dazu gehört etwa, daß er sich und die Wirklichkeit erkennt, daß er mit anderen rational kommuniziert, daß er Stellung nehmen und werten kann, daß er ein Bewußtsein von Gut und Böse hat und sich im Handeln davon leiten läßt, daß er andere liebt und sich für die Gemeinschaft engagiert. Solche anthropologischen Wesensaussagen nennen eine Möglichkeit, die der Mensch realisieren soll. Ein diesen Zielvorstellungen entsprechendes Leben nennen wir „human". Dieser Begriff bezeichnet immer eine normative Wesensaussage (vgl. Günzler/Teutsch, S. 14). Auch wenn man vom menschenwürdigen Leben spricht, vom erfüllten Menschsein, meint man eine solche normative Wesensaussage. Es werden dabei im allgemeinen Seinsmöglichkeiten genannt, die unter allen Lebewesen dieser Welt nur der Mensch realisieren kann, aber auch weitgehend sollte, um eben die „Fülle" des Menschseins zu erreichen. So galt schon den mitteralterlichen Theologen das Wesen (essentia) als Möglichkeit (potentia), die aktualisiert werden muß. Nur von einer solchen normativen Wesensanthropologie lassen sich Erziehungsziele „ableiten". Die Erziehung soll und muß mitwirken, damit die Soll-Zustände der menschlichen Persönlichkeit erreicht werden.

Diese anthropologische Begründung von Erziehungszielen scheint mir notwendig; die Reflexion der Einzelziele setzt voraus, daß man nach ihrem anthropologischen Stellenwert fragt. Aber man muß auch die Grenzen sehen, die sich aus der Begrenztheit jeder Anthropologie und der eingeschränkten Beweisbarkeit ihrer Aussagen ergeben.

d) Die christliche Begründung

In unserem Kulturraum sind die Erziehungsziele seit fast zweitausend Jahren in erster Linie religiös-christlich begründet worden. Die Tradition christlicher Pädagogik ist, rein geschichtlich gesehen, die machtvollste und wirksamste, allen Wandel umgreifende. Für den Historiker der Erziehung und der Erziehungstheorie zeigt sich auch deutlich, wie viele Zielideen der nicht christlich begründeten Theorien vorwiegend der christlichen Lehre entspringen. Die Achtung vor der Würde des einzelnen Menschen, die umfassende Brüderlichkeit und Nächstenliebe, die Idee der Entfaltung der Person in der Du-Beziehung haben ihren Ursprung in Schöpfungs- und Erlösungstheologie, in der christlichen Deutung der Nächstenliebe bzw. in der Trinitätslehre. Sie sind dann aber von vielen Menschen anerkannt worden, die den christlichen Begründungszusammenhang nicht mehr glaubend nachvollziehen können.
Andererseits ist aber auch nicht zu übersehen, daß die christliche Pädagogik mit ihren Zielideen großenteils eine Assimilation vor- und außerchristlicher Vorstellungen ist. Die Entfaltung der Lehre von den Kardinaltugenden ist uns in der christlichen Tadition überliefert; die Lehre selbst wurde vorchristlich in Griechenland entwikkelt. Der Gehorsam gegen Vater und Vorgesetzte entsprach den Erwartungen in patriarchalischen Familien und Herrschaftsformen zur Zeit Christi. Die Teilhabe am Logos und ihr entsprechende Grundhaltungen lehrten bereits die Stoiker. In der Assimilation außerchristlicher Lehren ergaben sich auch Fehlentwicklungen, die später teilweise wieder korrigiert wurden: die Überbetonung des Gehorsams gegenüber der Freiheit des Gewissens, die feindliche Einstellung gegen Nicht-Christen oder scheinbar vom Teufel Besessene oder die manichäische oder viktorianisch-bürgerliche Abwertung der Sexualität. Die Kraft zur Korrektur kam nicht nur aus außerchristlichen Impulsen, sondern zum Teil auch in der Neuentdeckung zeitweise verdrängter christlicher Glaubensgehalte.
Auch heute stehen wir offenbar in der gleichen Tradition. Christen nehmen an, was in ihrer Umwelt an Zielen aufgestellt wird, und fügen es in ihren eigenen Deutungszusammenhang ein; sie halten aber auch an Lehren der christlich-abendländischen Tradition fest, obwohl sie in der zeitgenössischen Denkstruktur verdrängt werden. Nicht ohne Grund gelten christliche Pädagogen oft als unzeitge-

mäß. Sie halten dabei vielleicht an manchem fest, was sie dann doch später als die anderen aufgeben müssen, aber auch an manchem, dessen Bedeutung gerade dadurch sichtbar wird, daß man die Folgen der ideologisch verengten Ziele der Zeit erleiden muß. Jedenfalls ist für den gläubigen Christen sein Glaube immer mit im Spiel, wenn er sich zu bestimmten Erziehungszielen bekennt. Im Leben der konkreten christlichen Gemeinde und Kirche begegnet er Zielvorstellungen; es werden Erwartungen an ihn gestellt. Daher wird für ihn die Begründung von Erziehungszielen immer auch im Zusammenhang des Glaubens und kirchlichen Lebens erfolgen müssen.

Aufgrund ihrer Glaubensüberzeugung können sich Christen nicht auf ein einziges oberstes Lernziel festlegen. Das Zentralkomitee der deutschen Katholiken hat das noch vor kurzer Zeit betont; es legt einen unabgeschlossenen Katalog solcher Ziele vor, die es für unbedingt notwendig hält: „Mut zum Bekennen der eigenen Überzeugung und Ehrfurcht vor der Überzeugung anderer; Verwirklichen von Freiheit nicht gegen, sondern mit anderen Menschen; Toleranz und Rücksichtnahme auf andere; Bereitschaft zum Dienst an der Wirklichkeit unserer Welt; Einsicht in die Möglichkeiten und Begrenzungen menschlichen Wollens ..." (zit. nach einem Arbeitspapier). Schon diese ersten Formulierungen des Katalogs zeigen deutlich, wie christliche Pädagogik zugleich zeitabhängig und zeitübergreifend ist. Manche dieser Ziele wären vor 100 Jahren gewiß nicht genannt worden, trotzdem steckt in allen eine ausgesprochen christliche Begründung, genauer vielleicht: eine christliche Sinngebung.

Ganz gewiß kann man die Bibel nicht einfach als Fundgrube für Erziehungsziele ausbeuten. „Die Bibel ist keine pädagogische Zapfsäule" (Messerschmid, S. 47, im Anschluß an Emeis). Auch die ausdrücklichen Ziele, die etwa in den Apostelbriefen genannt werden, sind nicht als spezifisch christliches Offenbarungsgut anzusehen, sondern sind weitgehend Übernahmen zeitgenössischer Vorstellungen. Die Christen sollen in ihrer Zeit leben wie alle anderen, aber aus ihrem Offenbarungsglauben das zeitgemäße Verhalten durchdringen und mit neuem Sinn füllen. Die Frauen sollen ihren Männern wie überall untertan sein, aber – das ist das Neue – die Männer sollen ihre Frauen lieben und damit das Rollen- und Machtgefälle aufheben in eine tiefere Beziehung. Wenn heute die allgemeine

Norm mehr in der partnerschaftlichen Gleichberechtigung von Mann und Frau gesehen wird, dürfte das historisch nicht zuletzt in dieser neuen Sinndeutung einen Anlaß haben, wenn moderne Partnerschaftlichkeit auch nicht zuerst aus christlichem Glauben gefordert wurde. Aber heute werden Christen dieses Ziel anerkennen, weil es mit dem Glauben vereinbar ist, und sie sollten es zugleich aus dem Glauben in vertiefter Weise deuten, wozu mehr als eine Bibelstelle Anlaß bietet.

Das eigentliche christlich Unterscheidende ist der christliche Glaube selbst, das Ja auf die Zuwendung des sich offenbarenden Gottes. Christlicher Glaube aber ist mehr als ein Erziehungsziel; in dieser These dürften sich katholische und evangelische Christen einig sein. „Christlicher Glaube ist eine lebendige Beziehung, die als Ganzes Gnadencharakter hat. Mit erzieherischen Mitteln ist nicht zu erreichen, daß Menschen christlich glauben" (Dienst, S. 5 -ev.-). „Nun können Christen nicht den Glauben selbst weitergeben. Der Glaube ist eine Gnade" (Spaemann, S. 14 -kath.-). Wenn der Glaube gelebt wird im erzählenden Verkündigen von Jesus, im gemeinsamen Gebet, im liturgischen und sakramentalen Leben, dann darf das nicht nur ein erzieherisches Tun sein. Natürlich müssen Eltern und Lehrer überlegen, wie sie mit Kindern beten; im Beten können sich auch Einstellungen und Haltungen bilden und festigen; aber ihr Beten muß eben Beten und keine Erziehungsmaßnahme sein. Gelebter Glaube hat Zeugnischarakter; als „pädagogisches Handeln" wäre er unzureichend bestimmt.

Aber die beiden zitierten Autoren fahren fort: „Doch ist christlicher Glaube auch auf Erziehung und Lernen angewiesen" (Dienst, S. 5). „Aber sie (die Christen, d. V.) können sehr vieles weitergeben, was für den Glauben wesentlich ist" (Spaemann, S. 14). Spaemann nennt dazu einiges: religiöse Grundhaltung, Haltung der Ehrfurcht gegenüber dem, was über uns ist, was neben uns ist und was unter uns ist; sittliche Grunderfahrungen; Hinführung zur Lebengemeinschaft der Christen; Information über den Glauben. Man könnte hinzufügen: Weckung des Urvertrauens; Bereitschaft, personale Beziehungen einzugehen; Offenheit für letzte Sinnfragen. Aber diese Erziehungsziele und -akte im Vorfeld des Glaubens sind nicht spezifisch christliches Eigengut. Das sind vielmehr Ziele, deren Bedeutung für alle Menschen weit über den Kreis der Christen hinaus anerkannt ist. Die einzige Ausnahme bildet vielleicht die Hinführung zur Lebensgemeinschaft der Christen, die Einübung in das Leben mit der christlichen Kirche (vgl. Kerstiens, 1980, S. 82). Aber auch diese pädagogische Forderung gilt für alle, wenn man sie allgemeiner formuliert: Solidarität mit den Gemeinschaften, deren Glied ein jeder ist.

Nun gibt es zweifellos auch eine christliche Anthropologie, aus der Erziehungsziele wie bei allen normativen Anthropologien begründet werden. Aber die Offenbarung ist keine umfassende Anthropologie mit dogmatischer Dignität. In der Offenbarung werden wesentliche Aussagen über den Menschen gemacht: über seine Schöpfung und Gottesbeziehung, seine Schuld und seine Erlösung. Christliche Anthropologien sind aber wie die pädagogischen Lehren immer eine Assimilation vieler anthropologischer Ideen und Thesen allgemeiner Art unter Wahrung der spezifisch christlichen, auf das Heil der Menschen bezogenen Offenbarungsaussagen. So konnte Thomas eine christlich-aristotelische Anthropologie entfalten. Als neues Beispiel für diese Verbindung können wieder einige Ziele aus dem Katalog des Zentralkomitees dienen: „Annahme der eigenen Person, auch in der Situation schuldhafter Verstrickung; Schuld und Umkehr als *Befreiung von Zwängen;* Bereitschaft und Fähigkeit zur Umstellung." Christliche und emanzipatorische Anthropologie bilden den gemeinsamen Hintergrund solcher Aussagen.

Die zentrale Bedeutung christlicher Begründungen von Erziehungszielen scheint mir in zwei Bereichen zu liegen. Einmal wurden und werden durch die christliche Offenbarung und kirchliches Zeugnis Aussagen über den Menschen formuliert, die historisch wie ein Appell für das anthropologische und pädagogische Nachdenken gewirkt haben und wirken. Das Ergebnis dieses Nachdenkens ist nicht selten das Anerkennen von Zielen, die vor und ohne diesen Appell nicht anerkannt worden wären. Die Erziehungsziele selbst werden dabei oft auch ohne christliche Begründung anerkannt; ohne diese Begründungsbasis stehen sie aber in der besonderen Gefahr, verdrängt oder einseitig ideologisch umgedeutet zu werden. Als Beispiel sei nur an die verschiedenen Formen der Freiheits-Pädagogik erinnert, die letztlich auf die Lehre von der Freiheit des Christen zurückgeht. Solche Glaubensaussagen über den Menschen wirken daher auch im Sinne einer pädagogischen Ideologiekritik; sie entlarven das Einseitige und führen zur Sicherung des zeitgenössisch

Verdrängten. Katholische oder evangelische Erziehungsinstitutionen haben gewiß manche traditionale Zielvorstellungen verknöchert festgehalten, bis sie lebensfeindlich und -fremd wurden; sie haben aber auch manches bewahrt, was später wiederentdeckt wurde. Auch heute scheint hier einiges an Zielvorstellungen zu überdauern, was durchaus wert ist, wieder allgemein anerkannt zu werden, etwa die Bereitschaft, Schuld anzuerkennen und sich um Umkehr zu bemühen, oder die Bereitschaft, auch das Positive in der Welt anzuerkennen, die immer noch Gottes Schöpfung ist.
Die andere Bedeutung christlicher Begründung von Erziehungszielen liegt in dem neu erschlossenen Sinnzusammenhang, der ein vertieftes Verständnis und eine neue Motivation für Einstellungen und Haltungen bietet, die im übrigen auch von allen Nichtchristen als Ziele gesetzt werden können. Die Nächstenliebe hat eine andere Dimension, wenn man glaubt, im Geringsten, dem man zufällig begegnet, und noch im Feind dem Bruder in Christus zu begegnen. Die Bereitschaft zum Engagement in der Welt bekommt einen neuen Sinn, wenn man sie als Mitwirkung am Schöpfungsakt deutet. Die Verantwortung in freier Entscheidung bekommt eine sinnsetzende Deutung aus der Befreiung zur Freiheit eines Christen, dessen Heil nicht aus dem Gesetz kommt. Damit aber werden keine spezifisch christlichen Erziehungsziele begründet, die nur im Raum der Kirche und in christlichen Institutionen gelten. Die Ziele sind für alle Menschen bedeutsam und begründbar, auch wenn nicht alle die Sinndeutung aus christlichem Glauben mitvollziehen können. Daher gilt das, was in christlichen Schulen an Zielvorstellungen entwickelt und zu realisieren versucht wird, nicht nur für diesen engen Kreis. Es kann durchaus ausstrahlen in weite Gebiete des öffentlichen Schulwesens, das in unserem Lande sogar ausdrücklich auf Gehalte christlicher Kultur bezogen ist („christliche Gemeinschaftsschule"), wenn in seinem Raum auch Menschen aller Überzeugungen gleichberechtigt erzogen werden.
So hat die christliche Begründung oder Sinndeutung von Erziehungszielen durchaus ihr Gewicht in und außerhalb der christlichen Kirchen, aber es ist nicht möglich, aus der Offenbarung oder einer geoffenbarten Anthropologie zeitunabhängige Zielsysteme für die Erziehung abzuleiten. Christliche Zielbegründungen haben nicht vor Irrwegen geschützt. Als Basis für konsensfähige Zielformulierungen im öffentlichen Raum eignet sich die christliche Begrün-

dung nicht, weil sie den Glauben voraussetzt; als Appell an das pädagogische Nachdenken über die Gültigkeit bestimmter Ziele im allgemeinen öffentlichen Diskurs hat sich die christliche Zieldeutung aber durchaus bewährt. Christliche Begründungen für Erziehungsziele führen keineswegs notwendig in das Ghetto der sich abschließenden Gemeinde.

Über die skizzierten vier Argumentationsweisen bei der Begründung der Erziehungsziele hinaus gibt es offensichtlich noch mehr. Man begründet Ziele etwa aus dem historischen Zusammenhang der spezifischen Kultur des eigenen Lebensraumes, aus politischen normativen Grundvorstellungen (z. B. „Demokratie") oder aus historisch-gesellschaftlichen Notwendigkeiten. Aber wenn man solche Wege der Begründung analysiert, zeigt sich, daß auch sie entweder auf juristische oder auf anthropologische Prämissen zurückführen und nicht selten auch religiöse und theologische Sinndeutungen im Spiel sind. Metaphysische, transzendental- und wertphilosophische Versuche, oberste Normsätze zu begründen, bedürfen mindestens einer anthropologischen Vermittlung, bis man aus ihnen eine Begründung von Erziehungszielen gewinnen kann.

4. Die Entscheidung für Erziehungsziele

So wichtig alle Formen der rationalen und religiösen Begründung von Erziehungszielen in einer Zeit der Unsicherheit und des Pluralismus sind, in den wenigsten Fällen führen die mehr oder minder überzeugenden Begründungen dazu, daß sich Erzieher oder Kulturpolitiker mit den proklamierten Zielen identifizieren. Die Prozesse der *Entdeckung* von Erziehungszielen, der *Entscheidung* für diese Ziele und der persönlichen *Identifikation* mit diesen Zielen sind erheblich vielschichtiger als die rational-logischen Erklärungs- und Begründungsversuche.

Vielleicht war die Gewohnheit wirksam, so daß bestimmte Zielvorstellungen dem Erzieher in „Fleisch und Blut übergegangen sind", ohne daß er sie zunächst reflektiert hat. Vielleicht war es auch ein faszinierendes Vorbild, das bestimmte Zielvorstellungen entwickeln ließ; man identifiziert sich dabei zunächst mit einem Menschen, möchte sein wie er und setzt sich damit seine Ziele. In jedem Fall ist an solchen Prozessen der ganze Mensch mit seiner Vernunft, seinen

Gefühlen und Strebungen, selbst seiner Leiblichkeit beteiligt. Man muß diese psychische Begründung für die *Identifikation mit* Erziehungszielen von der rationalen Begründung der Ziele unterscheiden, wobei selbstverständlich die letztere mit in die erstere eingehen kann.
Erstaunlich ist für mich, daß, – soweit ich sehe – nur relativ selten die Identifikation mit überzeugenden Vorbildern eines erfüllten Lebens zur Entscheidung für Erziehungsziele führt. Natürlich üben auch heute Gestalten wie Roger Schutz oder Mutter Teresa eine anziehende Wirkung gerade auf junge Menschen aus; aber Erziehungsziele, die durchgreifend wirken, erwachsen aus solchen Begegnungen nur bei einzelnen Menschen. In eine ganz andere Dimension verweist die Gestalt Jesu, der immer wieder auf andere Art und Weise Menschen aufruft, ihr Leben unter seinem Anspruch zu gestalten und ihre Kinder entsprechend zu erziehen. Doch eine christliche Pädagogik in diesem Sinne ist für unsere Zeit auch nicht mehr prägend.
Kennzeichnend ist auch, daß Schulmodelle als Bilder geglückter Erziehungsinstitutionen sich sehr oft zu pädagogischen Provinzen und Reservaten entwickeln, die kaum modellhaft ausstrahlen. Erst wenn sie plötzlich eine Antwort auf eine in der Zeitsituation brennende Frage geben, können sie – oft weit über ihre eigentliche Bedeutung hinaus – wirken. A. S. Neills Schule Summerhill ist dafür ein Musterbeispiel. In ihr wurden 45 Jahre jeweils ein paar Dutzend Schüler erzogen, ohne daß viele davon wußten. Als am Ende der 60er Jahre die Frage nach der Befreiung des Menschen durch die Erziehung plötzlich zeitbestimmend wurde, war die Schule in kürzester Zeit als das Schulmodell schlechthin bekannt und überschätzt. Wie aber kommt es zu diesen brennenden Fragen, die dann eine gewisse Zeit lang das pädagogische und oft auch gesellschaftspolitische Denken beherrschen? Mir scheint, daß jedesmal eine *Not-Erfahrung* zugrunde liegt. Nicht das positive Modell zieht, sondern drohende oder erlittene Not führt den Menschen zugleich gefühls- und erkenntnismäßig zu der Einsicht, daß die Not gewendet werden muß. Dazu gehören gewiß politische, aber auch pädagogische Neuorientierungen. Neue Erziehungsziele erscheinen als not-wendig. Das positive Vorbild oder Schulmodell wird dann wirksam, wenn es eine Antwort auf diese Not verspricht. Teutsch beobachtet dasselbe Faktum, bewertet es aber negativ. Er kann sich des Ein-

drucks nicht erwehren, daß die pädagogischen Strömungen mit ihren jeweiligen Zielsetzungen „jeweils nur auf Mißstände reagieren" (Günzler/Teutsch, S. 11). Wenn Fehler und Mängel entdeckt und genügend publik werden, antwortet man mit einem entgegengesetzten „Pendelschlag", von dem Teutsch fürchtet, daß er wieder in ein Extrem führt. Die Furcht ist zwar nicht unbegründet, aber man kann diese Antwort auf die erfahrene und erkannte Not auch positiv sehen. „Erziehungsziele ... sind Antworten bestimmter Menschen oder Menschengruppen auf bestimmte geschichtliche Situationen unter dem Gesichtspunkt, wie sich die nachwachsende Generation gegenwärtig und zukünftig verhalten soll" (Klafki, 1970, S. 30). In der Not-Situation ist die Antwort in besonderem Maße gefordert. Dabei können zunächst die einzelnen Menschen im Blick sein. Hammer findet so in der neuesten Literatur eine Fülle von Zielvorstellungen, die gerade von Therapeuten formuliert werden; sie „erscheinen als positive Wendung erfahrener Not und menschlicher Tragödien. Aber gerade weil sie auf dem Hintergrund der Erfahrung menschlicher Zusammenbrüche formuliert sind, gewinnen sie für die prophylaktische, präventive erzieherische Praxis besonderen Einfluß auf Lehrer, Erzieher und Eltern" (S. 52). In ähnlicher Weise kann auch die Diagnose gesellschaftlicher Not zur Erkenntnis führen, daß die Menschen ein anderes Verhalten zeigen und andere Einstellungen entwickeln sollten (vgl. Hamann, S. 19). Noterfahrung ist ein emotional wirksamer Aufruf, die Fragwürdigkeit oder mindestens Begrenztheit der Zielvorstellungen zu bedenken und sich für verdrängte oder neue, gegensätzliche oder auch nur ergänzende Ziele zu entscheiden. Es ist vielleicht ein Pendelschlag, aber er braucht nicht ins Extrem zu führen; insofern stimmt dieses Bild vom Pendel nur begrenzt.

a) Funktional notwendige Erziehungsziele

Die erfahrene oder drohende Not kann eine gemeinsame, gesellschaftliche sein; oft liegt sie in der wirtschaftlichen Situation. Produktion oder politische Lebensformen fordern bestimmte Qualifikationen und Kompetenzen von den Menschen, die zu dieser Gesellschaft gehören. Da es darauf ankommt, daß jeder seine *Funktion* ausübt, spreche ich von *funktionaler* Zielbegründung.
Diese funktionalen Erziehungsziele können noch einmal unterschie-

den werden. Oft muß das gefährdete, bedrohte Leben der bestehenden Gesellschaft stabilisiert werden: Die Wirtschaft soll wettbewerbsfähig bleiben und verlangt von den Mitarbeitern neue Berufsqualifikationen. Die politische Struktur muß gesichert werden: Man fordert die Erziehung zu freiheitlich-demokratischer Einstellung oder zur Vertretung der eigenen Interessen im politischen Raum. In diesem Fall spreche ich von *funktional-stabilisierenden* Erziehungszielen.
Es kann aber auch sein, daß die Gesellschaft in einem Veränderungsprozeß ist oder ein solcher politisch eingeleitet werden soll. Daß die Gesellschaft nicht über das Erziehungswesen total verändert werden kann, hat man zwar eingesehen; aber im Zuge von Veränderungsprozessen kann die Erziehung eine bedeutsame Aufgabe haben. Wenn die Menschen für diese Veränderungen befähigt und bereitet werden sollen, spreche ich von *funktional-progressiven* Zielen. Die Unterscheidung ist nicht wertend gemeint. Ob funktional-stabilisierende oder funktional-progressive Ziele angemessen sind, hängt von der Wertung der gesellschaftlichen Zustände ab. Funktional-stabilisierende Ziele braucht jede Gesellschaft, z. B. die Qualifikation ihrer Bürger in den Kulturtechniken, die Tüchtigkeit in den beruflichen Tätigkeitsfeldern, die durch die Wirtschaftsentwicklung gerade geboten werden, oder die Bereitschaft zur Erziehung der jungen Generation. Aber diese Zielsetzungen können natürlich überwertig werden und alle anderen verdrängen. Die funktional-progressiven Ziele sind so viel wert, wie die erstrebte gesellschaftliche Veränderung für das humane Leben der Menschen vorteilhaft ist. Als nach dem Neuanfang 1945 westliche Besatzungsmächte bemüht waren, die Deutschen umzuerziehen, um den Aufbau einer Demokratie zu ermöglichen, hatten sie ebenso funktional-progessive Ziele wie die Russen, die sozialistische Menschen erziehen wollten, um auch in Deutschland die kommunistische Gesellschaft vorzubereiten.
Funktionale Erziehungsziele sind keineswegs inhuman. Der Mensch ist Mitglied einer Gesellschaft und muß in ihr Funktionen übernehmen, wenn die Gesellschaft lebensfähig bleiben soll; diese anthropologische Prämisse dürfte allgemein anerkannt werden. Aber eine Beschränkung der Erziehung auf die Förderung solcher funktionaler Qualifikationen wäre inhuman, weil der Mensch nicht nur als Funktionsträger gesehen werden sollte. Mindestens entspricht es der mehrheitlichen Vorstellung vom humanen Leben, vom normativ

verstandenen „Wesen der Menschen" nicht, daß der Mensch zum bloßen Funktionsträger, zum Mittel für die Gesellschaft wird. Kants zweite Fassung des kategorischen Imperativs hat darauf hingewiesen: „Handle so, daß du die Menschheit, sowohl in deiner Person als in der Person eines jeden anderen, jederzeit zugleich als Zweck, niemals bloß als Mittel brauchst" (Kant, S. 429).

b) Human notwendige Erziehungsziele

Bedeutsamer aber noch als die gesellschaftliche Not, die zu funktionalen Erziehungszielen zwingt, ist die menschliche Not im engeren Sinne, das ganz persönliche Leiden daran, daß man nicht in erfülltem Sinne Mensch sein kann.

Wie kommt es zu diesem Leiden, das man geschichtlich immer wieder in neuer Form beobachten kann? Offenbar bilden sich die Menschen eine Vorstellung von einem geglückten, erfüllten menschlichen Leben; sie leiden selbst daran oder sehen andere Menschen – z. B. Kinder – leiden, wenn es ihnen nicht möglich ist, dieser normativen Vorstellung entsprechend zu leben. Wäre die Vorstellung nicht wenigstens vage schon da, würden die Menschen nicht leiden oder das Leiden als naturgegeben-unveränderbar ertragen. Der Leibeigene des 18. Jahrhunderts hat nicht daran gelitten, daß er nicht die gleichen Sozialchancen hatte wie sein Herr, weil ihm diese Vorstellung in Bezug auf das eigene Leben völlig absurd erschienen wäre; das von seinen Eltern gut verheiratete Mädchen hat wohl kaum daran gelitten, daß es sich seinen Partner nicht selbst aussuchen konnte. Aber der Leibeigene litt unter der Ungerechtigkeit des Herrn, das Mädchen unter der Untreue des Mannes, weil Gerechtigkeit und Treue humane Erwartungen waren.

Wie sich diese Vorstellung vom Soll-Sein des Menschen, vom humanen Menschsein bildet, ist kaum eindeutig auszumachen. Es wirken sich in jeder Kultur überlieferte religiöse und philosophische Aussagen über den Menschen aus. Hinzu kommen zeitbedingte Erfahrungen und geistige Entwicklungen, wobei in der jeweilig neuen Zeitperspektive durchaus überzeitlich Gültiges erfahren werden kann, wie die Geschichte der Menschenrechte zeigt. Die Vorstellungen werden aber auch mitbestimmt durch die Sozialisation und Erfahrungen der einzelnen Menschen, Gruppen und Sozialschichten oder einer Generation in einem Kulturkreis; man denke nur an das

Bürgertum oder die Industriearbeiter im 19. Jahrhundert oder die Weltkriegsgenerationen im 20. Jahrhundert.
Diese vielleicht nur vage und unbestimmte Vorstellung vom humanen Leben wird nun in dem Augenblick in ihrer ganzen Bedeutsamkeit und Wichtigkeit ins Bewußtsein gehoben, in dem ein entsprechendes Leben unmöglich gemacht wird. Gerade das, was man entbehrt, wird als das eigentlich Humane erlebt, auf das es ankommt. Das Leiden an der Defiziterfahrung bestimmt die Erwartungen, Hoffnungen und die Erziehungsziele, die not-wendend wirken sollen. „Indem der Mensch seiner Verwiesenheit auf Sinn durch geschichtliche Mangelerfahrungen immer neu bewußt wird, wird er zugleich angetrieben, angemessenere Vorstellungen über seine Würde zu entwickeln und durchzusetzen" (Alfons Auer: Die Sinnfrage als Politikum. Arbeitspapier zu einem Vortrag in der Akademie der Diözese Rottenburg 1978). „Dieses Leiden an sich selbst und an den zugemuteten Sozialisationsbedingungen kann man . . . verstehen als Basis eines neuen, noch unartikulierten Widerstandes gegen die Zumutungen des ‚homo disponibilis' und damit als Chance für die Wiederanerkennung jener wenn auch historisch revidierten Prinzipien der bürgerlichen Bildung und Erziehung" (Giesecke, 1977, S. 11). Zwei Zitate, die aus völlig unterschiedlichen Zusammenhängen stammen und je eine eigene Interpretation verdienten, zeigen dieselbe Argumentationsfigur, die ich selbst in meinem Buch „Erziehungsziele – neu befragt" ausführlich entwickelt habe (vgl. Kerstiens, 1978, S. 73 ff.).
Die Vorstellungen vom humanen Leben, die das Leiden auslösen und im Leiden am Defizit ihr besonderes Profil gewinnen, können *ideal-utopisch* sein. Man träumt von absoluter Autonomie, „symmetrischer Kommunikation", Bedürfnis- und Interessenbefriedigung, Freiheit oder reinem Sein, das alles Haben-Wollen unter sich läßt. Bei den Epigonen von Adorno, Habermas oder Fromm ist das heute zu beobachten. Wer an solchen Vorstellungen die Realität mißt, leidet an ihrer Unvollkommenheit, aber er kann sie nur kritisieren, auf einen totalen Neuanfang hoffen oder revolutionär darauf hinarbeiten, aber weder kulturpolitisch noch erzieherisch eine Veränderung fördern. Sie würde nur als Verschleierung des Mißstandes gelten. Die Vorstellung vom humanen Menschsein kann auch *real-affirmativ* sein; dann wird der Blick auf all die Seiten des realen menschlichen Lebens gelenkt, die doch einem humanen Le-

ben sehr nahe kommen. Ich bin überzeugt, daß man es gerade heute wieder lernen muß, auch das Positive zu sehen, da man lange vorwiegend ideal-utopisch die Realität nur verurteilt hat. Daraus ergäben sich bedeutsame Erziehungsziele. Die Leidenserfahrungen aber führen eher zu einer *real-utopischen* Vorstellung vom Humanum, d. h. zu Vorstellungen, deren Realisierung man durchaus unter den gegebenen Bedingungen näher kommen kann, die aber zur Zeit für den Menschen nicht realisiert sind. Daraus erwachsen meist die zentralen Erziehungsziele, da man die Dispositionen im Menschen fördern möchte, die ein in diesem Sinne humaneres Leben ermöglichen. So möchte eine Kriegsgeneration Friedensgesinnung fördern, eine funktional überbeanspruchte Generation allseitige Entfaltung und eine sich unterdrückt fühlende Generation die Fähigkeit, die zustehenden Freiheitsrechte in Anspruch zu nehmen. Das Leiden in diesem Sinne ist das emotionale Symptom dafür, daß der Mensch Negatives durchleben muß, etwas, was nicht sein sollte. Aber dadurch, daß im Leiden das Positive erst voll bewußt wird, bekommt es selbst einen humanen Sinn. Die Menschen scheinen diesen Weg gehen zu müssen, um zu sich selbst, d. h. zu ihrer möglichen Humanität, zu finden.

Es gibt eine gewisse Analogie zur religiös-christlichen Deutung von Krankheit und Tod. ,,Krankheit und Tod haben nicht nur einen negativen Sinn. Der Mensch ist, nach christlichem Glauben, nicht mit seiner Erbsünde und ihrem Gefolge allein gelassen. Jesus Christus hat das todgezeichnete menschliche Leben angenommen, als der Abgesandte und Sohn Gottes. Er hat Leiden und Tod zu Ende gelitten, so daß von nun an Krankheit und Tod einen anderen, inneren, mehr verborgenen Sinn haben . . . Von medizinischer Seite wird die überraschende Dialektik sichtbar, die wir schon erwähnten: eine Krankheit, gegen die sich der Mensch mit Händen und Füßen wehrt, weil sie für ihn nur Störung des Lebens ist, ist schwerer zu behandeln und zu heilen als eine, die vom Menschen als etwas Negatives, das auch einen positiven Sinn hat, angenommen wird. Damit ist jede untätige Resignation oder auch heimliche Verliebtheit in die Krankheit ausgeschlossen'' (Muschalek, S. 8). So ähnlich kann das Leiden an den als inhuman empfundenen Zuständen auch statt zur bloßen kritischen Anklage und Entlarvung oder zur revolutionären Zerstörung um einer idealen Utopie willen zu einer Entdeckung von Erziehungszielen führen, die den Menschen dem Humanum einen

Schritt näher bringen können. Untätige Resignation und Fixierung auf die Anklage wären dann ausgeschlossen.
Die so gewonnenen Erziehungsziele sind häufig *human-umfassend*. Durch historische Entwicklungen, gesellschaftlich-funktionale Zwänge, einseitig-ideologisierende Überbetonung bestimmter Ziele wird immer wieder in Frage gestellt, daß die Menschen sich in allen Dimensionen des Menschseins verwirklichen können. Mindestens für die, die noch eine vage Vorstellung von alternativen Möglichkeiten haben, wird das „eindimensionale" Leben (Marcuse) unerträglich. Das gilt für unsere Generation, die „hart wie Kruppstahl, zäh wie Leder und flink wie Windhunde" sein sollte, wie für die funktional eingespannte, von der Marcuse spricht, oder für die in falscher Wissenschaftsorientierung kognitiv überlastete Schülergeneration von heute in ähnlicher Weise, aber auch für die Menschen des jenseitsflüchtigen, weltabgewandten Spätmittelalters oder die aufklärerisch-nützlich-brav erzogenen Menschen am Ende des 18. Jahrhunderts. Indem Menschen selbst an der Eindimensionalität leiden oder bei anderen diese als Deformierung erfahren, sehen sie mit starker emotionaler Beteiligung, wie sehr die allseitige Entfaltung der menschlichen Kräfte, besser: die mehrdimensionale Lebensweise zur Humanität gehört. Jeweils antworten in abgewandelter Weise human(istisch)e Bewegungen auf das Leiden in dieser Situation, die die bedrohten Dimensionen des Menschseins zurückgewinnen möchten. Kennzeichnend dafür ist der Hinweis auf die vielseitigen Kräfte und die große Zahl unverzichtbarer Erziehungsziele im physischen, emotionalen, kognitiven, kreativen, ethischen Bereich menschlichen Seins (Westphalen, S. 67).
Heute sehen wir diese Tendenz auch bei der Berufung auf die Verfassungsziele; sie sind 1946 bis 1953 formuliert worden als Antwort auf die eindimensionale nationalsozialistische Politik und Pädagogik in einer ausgesprochen humanistisch denkenden Epoche. „Die Schulen sollen nicht nur Wissen und Können vermitteln, sondern auch Herz und Charakter bilden" (Verfassung des Freistaates Bayern, Art 131, Abs. 1). Man beruft sich heute wieder darauf als Antwort auf die Einseitigkeit extrem rationalistischer oder emanzipatorischer Erziehung. In beiden Situationen ging bzw. geht es darum, die Mehrdimensionalität wiederzugewinnen, deren Bedeutung im Leiden an der Eindimensionalität erlebt wurde – wenn auch jeweils mit anderer Akzentuierung.

Die im Leiden entdeckten humanen Erziehungsziele können aber auch eine ganz spezifische Antwort auf das Erlebte sein. Solche *human-akzentuierenden* Erziehungsziele bestimmen meistens die Reformepochen, während die human-umfassenden auf die Wiedergewinnung von Verlorenem oder Bedrohtem gerichtet sind. Eine typisch human-akzentuierende Setzung von Erziehungszielen war die emanzipatorische Pädagogik. Man litt unter dem Fertigen, Abgeschlossenen der formierten Gesellschaft; in diesem Leiden einer jungen intellektuellen Generation wurde die Bedeutung von Autonomie, Freiheit, Selbst- und Mitbestimmung erfahren. Man glaubte, sie nur durch Befreiung von repressiver Realität gewinnen zu können, und wollte in der Erziehung die Dispositionen fördern, die der Mensch für den Akt der Befreiung brauchte. An diesem Beispiel zeigt sich allerdings zugleich die Gefahr solcher human-akzentuierender Zielsetzungen: sie geraten leicht in eine Einseitigkeit, in die Absolutsetzung der akzentuierten Ziele und damit in die Ideologie. Zugleich sind es aber auch die Ziele, die mit den stärksten Emotionen aufgeladen sind; sie werden missionarisch vertreten; das Heil der Menschen scheint den Repräsentanten dieser Bewegung fast ausschließlich von dem Erreichen dieses einen Ziels abzuhängen.

Ich bin überzeugt, daß beide Formen, Erziehungsziele zu entdecken und zu vertreten, gesellschaftlich not-wendig sind. Ohne den Ausgleich zwischen ihnen würde die Erziehungswirklichkeit erstarren oder ins Abseits der eindimensionalen Beanspruchung oder Dressur geraten. Die human-akzentuierenden Zielsetzungen dürfen aber, wenn sie nicht zur Ideologie entarten wollen, nur *akzentuierend* sein, ohne eine Leitidee oder ein oberstes Erziehungsziel *absolut* zu setzen; die human-umfassenden Zielsetzungen müssen offen bleiben für die *besonderen Akzente,* die in einer historischen Epoche aus verschiedenen Gründen notwendig sein können. Die Allseitigkeit gewinnt durch diese Akzente erst ihr historisches Profil. Alle diese Formen, in denen Menschen Erziehungsziele entdecken, sich für Ziele entscheiden und sich mit ihnen identifizieren, beruhen auf der Einsicht in die Not-wendigkeit bei hoher emotionaler Beteiligung. Der Mensch übernimmt oder entwickelt die Zielvorstellungen als ganzer, und da die Noterfahrung, wird sie erst einmal ins Bewußtsein gehoben, großen Gruppen oder ganzen Generationen gemeinsam ist, kommt die Bestätigung von außen hinzu. Der fast missionarische Charakter der Zielproklamation, die doch zum Heil der Menschen sein soll, gibt ihr die Wirkungskraft und begründet das Engagement derjenigen, die sich für diese Ziele einsetzen, ganz gleich ob 1945 ein christlicher Humanismus, 1968 die Emanzipation oder 1979 die Humanisierung der Schule verkündet wurde.

Die psychische Begründung, die zur Identifikation mit den Zielen führt, erklärt zwar die jeweils hohe Aktualität, aber führt gleichzeitig dazu, daß manche Ziele vage bleiben. Zuviele Hoffnungen und Wünsche assoziieren sich, wenn der Zielbegriff genannt wird; man denke nur an „Bildung", „Begegnung" oder „Emanzipation". Wenn heute „der Mensch als Maß der Schule" (Affemann) verkündet wird, muß man auch erst fragen, was hier unter dem Wort „der Mensch" verstanden ist. Da solche Leitworte oft als Kompromißformel gebraucht werden, trägt zudem jeder noch seine persönlichen Wunschvorstellungen hinein; er ist dann möglicherweise später entsetzt, was für eine Erziehung konkret unter diesem Leitwort erfolgt. Es können durchaus widersprüchliche Zielvorstellungen mit einem nur scheinbar identischen Zielbegriff verbunden werden.

Daher ist die wissenschaftliche und philosophische Arbeit rationaler Analyse und Begründung mindestens nachfolgend notwendig und sinnvoll. Zielvorstellungen zu entwerfen und zu proklamieren gelingt den Wissenschaftlern und Philosophen kaum erfolgreich, wenn sie nicht selbst als Sprachrohr einer unter der Not leidenden Gruppe sprechen. Dann aber sprechen auch sie zunächst als emotional Beteiligte, und ihre Zielvorstellungen sind oft nicht weniger vage als die anderer Repräsentanten der öffentlichen Meinung. Aber die kontrollierende kritische Reflexion der Zielvorstellungen, das Erforschen der Bedingungen der Verwirklichung, der Hinweis auf möglicherweise unbedachte Nebenwirkungen, das sind die eigentlichen Aufgaben der Erziehungswissenschaft und -philosophie. Dabei werden auch die verschiedenen anthropologischen Theorien und Begründungen einzubeziehen sein. Selbst der Rechtstheoretiker und Politikwissenschaftler ist aufgerufen, die Ziele auf ihre politische Durchsetzbarkeit und ihre Legitimität hin zu prüfen; nicht jede neue Zielvorstellung kann bzw. darf (z. B. gegen den Willen der Eltern) im öffentlichen Schulwesen durchgesetzt werden. Der Theologe wird darüber hinaus fragen müssen, wieweit die neuen Zielsetzungen mit der Glaubenslehre vereinbar sind und von dort vielleicht sogar eine besondere Sinndeutung bekommen können.

II. Kapitel
Erziehungsziele und Schulwirklichkeit 1945 – 1975

1. Der christliche Humanismus

Die grundsätzlichen Thesen lassen sich verdeutlichen, wenn man das Verhältnis von Erziehungszielen und Schulkonzeptionen der vergangenen drei Jahrzehnte bedenkt. An dieser Stelle kann natürlich keine Geschichte der Erziehung und der Erziehungstheorie dieser Zeit dargestellt werden; aber es genügt auch für unseren Zusammenhang, an einiges zu erinnern.

„Im Banne des Materialismus kam es zur Lähmung der humanen Kulturhaltung, zu einer Kultursterilität, die es dem amoralisch fundierten Nationalsozialismus möglich machte, in zynischer Verbindung von Propaganda und Drohung sein Prinzip der brutalen Macht durch aufgeblähte Scheinideale zu überlagern.

Heute wissen wir aus schmerzhafter Erfahrung, daß die Gesamtformung der Gesellschaft von der Wiederbelebung der kulturellen Werthaltungen abhängig ist, daß also aus der Rückkehr zur Humanität die Kraft zur Überwindung eines wertfreien Naturalismus gewonnen werden muß. Alles menschliche Kulturbemühen findet in der Idee der wahren Menschlichkeit seine Krönung, wofür W. v. Humboldt's Lebensweisheit den vollendeten Ausdruck gefunden hat: ‚Rechtes Verhältnis von Geben und Nehmen, von betrachtender Aufnahme und spontaner Gestaltung, von makrokosmischer und mikrokosmischer Bewegung'" (Fendt, S. 7f.).

Aus diesem Ansatz heraus konzipiert 1946 der sozialdemokratische bayerische Kultusminister seinen „Aufriß eines deutschen Bildungsplans" und setzt den Schulen das Bildungsziel: „Die Harmonie der sozialen Humanität. Im Bildungsideal findet der aus der Überbetonung des Intellekts hervorgegangene Bildungsmaterialismus seine Überwindung durch die Synthese der Werte des Individualen, Sozialen und Sittlichen im Sinne der Bindung an das Gewissen" (ebd.).

Die Katastrophe der nationalsozialistischen Zeit, die „schmerzhafte

Erfahrung", ließ ihn nach den Ursachen des Verlustes an Humanität fragen, die er schon im 19. Jahrhundert findet. So kommt er zur Wiederentdeckung des Notwendigen und damit zu seiner spezifischen Auslegung des Begriffs „Humanität", mit dem er das Bildungsziel für die Schulen formuliert.
Sein niedersächsischer Kollege Grimme beginnt den Aufsatz „Zum Neubau des Schulwesens" im selben Jahr mit der Mahnung: „Wir Lehrer müssen uns aufraffen; denn draußen brennt die Not der Jugend millionenfach". Er sieht die Aufgabe der gegenwärtigen Generation über alle religiösen und politischen Unterschiede hinweg in der Rettung des deutschen Volks „durch die Macht geistiger und religiös-sittlicher Kräfte" (S. 12). „Die Hauptgründe für den geistigen und moralischen Verfall, der seit Jahrzehnten die Hitlerkatastrophe vorbereitet hat, sind die Unterbewertung des Geistes und die Erkrankung des Wertgefühls. Ein als heldisch aufgemachtes Boxerideal ließ geistige Bildung als eine Angelegenheit schwacher, zweitrangiger Menschen erscheinen. Der wankende Glaube an objektive Wahrheit, der Relativismus und Skeptizismus hatte das Vertrauen auf überkommenen geistigen Besitz und damit die Tatkraft im Kampf um ihn untergraben. Die neue Schule will der Arbeit des Erziehers ihren Ursinn zurückgeben, im heranreifenden Menschen den Geist zum Wachsein zu bringen und in ihm den Mut zum Bau und zur Verteidigung einer Welt unbedingter Werte zu entfachen" (S. 13).
Schnippenkötter, der für die höheren Schulen im Rheinland verantwortlich ist, kommt aus dem gleichen Argumentationszusammenhang zu seinen Forderungen: Demokratie, Humanismus und Christentum. Er glaubt, ein ausdrückliches Bekenntnis zum Christentum wahrnehmen zu können. „Das meine ich keineswegs parteipolitisch, sondern kulturpolitisch und bildungspolitisch" (S. 9); in „allen Parteien" sieht er den Willen, „gleicherweise als christlich zu gelten". „Weder der deutsche Idealismus (...), noch der Rationalismus, weder der Kapitalismus, noch sein Zwillingsbruder, der Sozialismus, weder Marxismus, noch der Nationalismus... haben helfen und retten können. Für alle war der metaphysisch-religiöse Fundus nicht fest genug, der Weg ging mit immanenter Logik bergab bis zur Vernichtung" (S. 9).
Noch 1956 verweist Carlo Schmid, inzwischen Bundestagsvizepräsident, mit Stolz darauf, daß es eine seiner ersten Regierungsmaß-

nahmen war, die württembergischen humanistischen Gymnasien wiederherzustellen, obwohl die französische Besatzungsmacht darin eine undemokratische Eliteförderung sah, die das Volk in zwei Klassen teile (S. 24). So eindeutig hatte er in einer Zeit, die alle geistig-abendländischen Überlieferungen in Frage stellte, erkannt, daß der Mensch im „tätigen Sichaneignen" und als ein „selber immer neu Schaffender" in der Tradition stehen müsse. Darin sieht er den Kern der „humanistischen Bildung und der Bildung überhaupt" (S. 6).
Die unterschiedlichen Akzente sind schon in diesen kurzen Auszügen erkennbar. Der Prozeß der Zielgewinnung ist aber der gleiche: Das Leiden unter der Not des Nationalsozialismus setzt das Fragen in Gang, was denn retten könne, welcher Fundus fest genug sei, worin das Wesen des Humanen liege. Dabei wurden keine neuen Erziehungsziele entworfen, sondern es wurde wiederentdeckt, was durch die eigene Identitätsfindung und Bildungsgeschichte schon irgendwie bewußt war, was man aber jetzt erst in seiner vollen Bedeutung und Not-wendigkeit erkannte. Es wurde dabei aber auch nicht bloß bewahrend wieder hervorgeholt, was im bürgerlichen humanistischen Gymnasium immer schon gelehrt worden war; vielmehr bekamen Begriffe wie Bildung, Humanismus, auch: Christentum, ihr ganz spezifisches, zeitbedingtes Gepräge.
Ähnlich bedrückend war die Erfahrung der Isolierung des Menschen im Nationalsozialismus. Die Grenzen nach außen waren geschlossen; im Innern konnte man oft dem Nachbarn nicht mehr trauen, weil jeder ein potentieller Denunziant sein konnte. Die Beziehungen der Menschen waren vielfach zerstört; Pseudobeziehungen unter dem Führerprinzip waren zum Gefolgschaftsverhältnis entartet.
Im Leiden an dieser Isolierung wurde den Menschen der humane Sinn und die Unverzichtbarkeit von Beziehung und Begegnung voll bewußt. Nach dem Krieg suchte man allenthalben wieder Begegnung; es entstanden Begegnungsstätten und eine eigene Zeitschrift mit dem Titel „Begegnung".
„Mit einem neuen Nachdruck und in einer neuen, spezielleren Bedeutung wurde der Begriff der Begegnung dann in den Jahren nach 1945, in der durch das Ende des Zweiten Weltkriegs und den Zusammenbruch der nationalsozialistischen Herrschaft bedingten tiefgreifenden Erschütterung, aufgenommen. Er schien in dieser Si-

tuation einer allgemeinen Erschütterung, wo sich alle Ordnungen aufzulösen, alle bisherigen Ideale als fragwürdig zu erweisen drohten und der Mensch ins Bodenlose zu fallen schien, wie das erlösende Wort" (Bollnow, 1959, S. 94).
Die Verfassungsziele, die damals für die Schulerziehung fixiert wurden, können großenteils nur aus dieser Besinnung auf das Notwendige verstanden werden. Ehrfurcht vor Gott, christliche Nächstenliebe, sittliche Verantwortlichkeit, Achtung vor religiöser Überzeugung, Aufgeschlossenheit für das Wahre, Gute und Schöne, Achtung vor der Wahrheit und Mut, sie zu bekennen: man könnte die Reihe dieser Ziele aus verschiedenen Landesverfassungen noch fortsetzen. Überall ist wie in den zitierten Stellen aus den Schulplänen die Wiederentdeckung des humanen Ziels in der „schmerzhaften Erfahrung" erkennbar.
Die Not der damaligen Zeit konnte aber nicht allein auf dem Wege einer neuen Erziehung unter diesen Vorzeichen gemeistert werden. Es galt auch, hart und qualifiziert zu arbeiten. Nur durch Einsatzbereitschaft und hohe Leistung konnte überhaupt wieder eine Lebensbasis geschaffen werden. Zwar wurde über die funktional-stabilisierenden Ziele nicht soviel gesprochen; der Zwang der Situation ließ sie als selbstverständlich erscheinen, da fast alle nur noch von dem lebten, was sie gelernt hatten und in der Arbeit einzusetzen bereit waren. Damit entstand aber für die folgenden Jahre das Problem, wie man die humane und die funktionale Zielsetzung miteinander vereinen konnte.

2. Die Bildung

Ein großer Teil der Bildungsdiskussion bis in die 60er Jahre ist wohl nur von hier aus zu verstehen.
Humanistische Bildung galt der Rettung des Menschen; sie war das eigentliche Ziel. Gerade weil man total über die Menschen verfügt hatte, gerade weil der Einzelne nichts und das Volk, wie der Führer es wollte, alles war, sah man, daß es um jeden einzelnen Menschen gehen muß, daß er nicht zum Mittel und Sklaven degradiert werden darf. Aber in der modernen Arbeitswelt mußte von diesem Menschen erwartet werden, daß er sich ganz einsetzte und sich den Zwängen unterwarf. Nur in geringem Maße konnte er da noch wie

der frühere Handwerker seine eigenen Ideen einbringen und sein Selbst im Werk wiederfinden. Es war funktional notwendig, daß man sich als Arbeiter „entäußerte".

Theodor Litt hat beispielhaft diese Frage gestellt und zu beantworten gesucht: Wie kann etwas zugleich ein Akt sein, der auf die Bildung des Menschen gerichtet ist, und ein Akt der Entäußerung, des Absehens von sich, diktiert von äußerlich-utilitaristischen Zwecksetzungen? „Je weniger das Selbst im sachlichen Ergebnis von sich zu entdecken vermag, um so fester darf es vertrauen, im Mühen um dies Ergebnis auch sich selbst vorwärtsgebracht, ja recht eigentlich ‚gebildet' zu haben" (S. 94).

Litt arbeitete mit aller Härte die Antinomie heraus, die mit dem überlieferten Bildungsbegriff nicht mehr in Einklang zu bringen ist. Der neue Bildungsbegriff muß dadurch gekennzeichnet sein, „daß er den lediglich auf die ‚Persönlichkeit' gerichteten Vollendungsdrang durch Einfügung in ein übergeordnetes Ganzes relativiert, das ihm die Gegenbewegung einer auf ihre Sachforderung bestehenden Welt zuordnet. Als ‚gebildet' darf nur gelten, wer diese Spannung sieht, anerkennt und als unaufhebbares Grundmotiv in seinen Lebensplan einbaut" (S. 117).

Von diesem Ansatz aus sind auch die späteren Bildungsdefinitionen zu verstehen. Man lernte, den Menschen nicht so sehr als ein sich entfaltendes Wesen zu sehen, das in der Begegnung mit der geistigen Tradition zu sich selbst kommt, sondern als ein Wesen, das in vielfältiger Beziehung zur Wirklichkeit steht, von ihr auch in Anspruch genommen wird bis hin zur Notwendigkeit, von sich selbst abzusehen, und das in der Bereitschaft, auf diesen Anspruch tätig, auch hart arbeitend, zu antworten, zu sich selbst kommt. Unter diesem Aspekt muß man, um nur ein Beispiel zu nennen, etwa die Definition des Deutschen Instituts für Bildung und Wissen lesen: „Ziel der Bildung und Erziehung ist der Mensch, der im Ringen um ein richtiges Verhältnis zu Gott, zu den anderen Menschen und zur Welt eine Haltung gewonnen hat, aus der heraus er im Leben und Handeln der Wirklichkeit gerecht wird und so in einer jeweils einmaligen Verwirklichung zu einer Vollendung seiner selbst kommt" (S. 5). Ich habe damals selbst formuliert: „Bildung ist die Bereitschaft des Menschen, dem Anspruch der Wirklichkeit gerecht zu werden" (Kerstiens, 1966, S. 38).

Das Ringen um diese Einheit humaner und funktionaler Zielsetzungen ist auf allen Ebenen zu beobachten. Im Begriff der „volkstümlichen Bildung" suchte man die Zielgestalt zu definieren, in der diese Einheit auch für Menschen erreichbar ist, denen man keine wissenschaftlich-klassische Bildung im Sinne des überlieferten Humanismus glaubte zumuten zu können. Der Deutsche Ausschuß für das Erziehungs- und Bildungswesen definiert seine Auffassung von Bildung in einem Gutachten zur Erwachsenenbildung: „Gebildet ... wird jeder, der in der ständigen Bemühung lebt, sich selbst, die Gesellschaft und die Welt zu verstehen und diesem Verständnis gemäß zu handeln" (1966, S. 870). Bildung beruht wesentlich auf Erfahrungen, „die der einzelne in allen Stufen seines Lebens macht, im Beruf und in der Gesellschaft, in Liebe und Familie, in der Begegnung mit dem Mitmenschen, mit sich selbst und nicht zuletzt mit Gott" (S. 872).

Auf die Schule hat die Bildungskonzeption in den 60er Jahren vor allem durch Klafkis Theorie der kategorialen Bildung eingewirkt. Der Gedanke, daß der Mensch für die Wirklichkeit und diese für den Menschen erschlossen werden müsse, läßt zwar diese human-funktionale Doppelstruktur des Bildungsbegriffs noch nicht voll erkennen. Aber man muß diese Definition in dem umfassenden Zusammenhang sehen, den Klafki 1962 umschreibt: „Bildung ist mehr als Verantwortungsbereitschaft, wiewohl sie heute in dieser ihre Rechtfertigung wird erlangen können. Dieses ‚Mehr' aber, das nicht als Wertung verstanden werden darf, muß geradezu als Gegenpol interpretiert werden und im Ganzen der Bildung zu seinem Recht kommen: als Spiel und Muße, also als Freisein von Verbindlichkeiten und Verpflichtungen, und als theoria ... im aristotelischen Sinne, als Bemühungen um Erkenntnis und Wahrheit, ‚um ihrer selbst willen'. Ein vollständiger Grundriß der Bildungsproblematik hätte schließlich zu zeigen, in welcher Beziehung eine vierte, heute bisweilen überbetonte Dimension der Bildung zu den bereits genannten Polen ‚Verantwortungsbereitschaft', ‚Muße', und ‚Theorie' steht: all das nämlich, was einer grundlegenden Vorbereitung auf Beruf und Arbeit in ihren sachlichen Wissens- und Könnensvoraussetzungen dient" (S. 49).

3. Existenzielle Du-Beziehung

In Klafkis Aussage klingt schon an, was die historische Situation bestimmte: die Überbetonung der Vorbereitung auf Beruf und Arbeit. Das Jahrzehnt des Wirtschaftswunders ging gerade zu Ende; alle Kraft war von dem Wiederaufbau absorbiert worden.
Aber dabei wurde auch die Not dieser Situation bewußt. Man fühlte, daß man nicht zur Ruhe kam und daß damit ein wesentliches Moment des Menschseins verloren ging. Die Menschen strömten jeweils zu Hunderten in einen Vortrag, wenn z. B. Josef Pieper über den Sinn der Muße sprach. Aber noch ein anderes Problem wurde erkannt: in der Arbeitswelt begegnete man dem anderen als Kollegen, als Konkurrenten, als Produzenten und Konsumenten, jedenfalls immer nur in seiner Funktion im Betrieb und Getriebe, – nur nicht ihm selbst als diesem einen unverwechselbaren und unaustauschbaren *Menschen.* Auch die *Dinge* kamen zunächst nur als Material, als Rohstoff oder als Produkt vor, aber nicht als sie selbst, die in sich Sinn und Bedeutung für den Menschen haben.
Die sensiblen Menschen litten an dieser Situation; sie entdeckten wieder, was Heidegger über das „Man" gesagt hatte und über den „Anspruch des Seins"; die Existenzphilosophie hatte die große Zeit ihrer Breitenwirksamkeit. Vor allem aber knüpfte man wieder an die Gedanken Martin Bubers an, der drei Jahrzehnte früher schon zwischen der Es-Beziehung und der Ich-Du-Beziehung unterschieden hatte (S. 77 ff). Man versuchte diese Einsicht im Begriff der „Person" zu fassen, da mit diesem Wort der Mensch als das Wesen bezeichnet wird, das erst in der Beziehung zur anderen Person sein volles Sein gewinnt. Die „Personale Pädagogik" hatte ihre kurze Blütezeit.
Guardini und Bollnow knüpften an die „Begegnungsdiskussion" an, gaben diesem Begriff aber einen neuen Sinn. Nach 1945 bezeichnete er eher etwas, was wir heute Kommunikation nennen würden, offenen, vorbehaltlosen und gleichberechtigten Austausch miteinander über die Grenzen unterschiedlicher Auffassungen hinweg. Jetzt wird „Begegnung" bewußt existenziell verstanden: „Begegnung heißt immer, daß der Mensch hier auf etwas stößt, das ihm unvorhergesehen und unvorhersehbar, vielmehr schicksalhaft entgegentritt und das ganz anders ist, als er in seinen bisherigen Vorstellungen erwartet hatte, und das ihn so zwingt, sich neu zu orientieren"

(Bollnow, 1959, S. 99). Der Mensch wird betroffen, erschüttert; Bollnow zitiert Rilke: „Denn da ist keine Stelle, die dich nicht sieht. Du mußt dein Leben ändern" (S. 99).
Prohaska versucht, eine „Pädagogik der Begegnung" zu entwickeln: „Das Ich muß zunächst das Physische des anderen Ich wahrnehmen und das Psychische des anderen Ich empfinden, bevor es im Pneumatischen eine Begegnung mit dem Du erfahren kann. Sie ist jedoch nicht der Präzision physikalischer Gesetze, nicht der Berechenbarkeit psychologischer Gesetzmäßigkeiten unterworfen, sondern begibt und ereignet sich im freien Raum des Pneumatischen pneumatologisch, d. h. unberechenbar, geschenkhaft, und gnadenhaft zu guter Stunde" (S. 16).
Das zentrale humane Erziehungsziel scheint es zu sein, den Menschen in diesem Sinne begegnungsfähig, zur tiefsten Du-Beziehung fähig werden zu lassen. Es ist die Antwort auf das Leiden an dem Eingespanntsein in die funktionalen Zwänge und an der Störung der Menschlichkeit, wenn man nur den Rollenträger sieht.
In diesem Zusammenhang lassen sich auch die Thesen Ballauffs und seiner Mitarbeiter deuten, die Menschlichkeit überall gefährdet sehen, wo der Mensch sich selbst sucht, seine Selbstentfaltung, sein verfügbares Eigentum, auch: seine Bildung. Im Denken muß man von sich absehen, die Dinge freigeben; Selbstlosigkeit ist zentrale menschliche Tugend. „‚Ich bin das, zu dem ich stehe und was ich verantworte' drückt alles aus, was sich über das ‚Selbst' des Menschen sagen läßt" (S. 30).
In all diesen Formulierungen zeigt sich allerdings schon die pädagogische Schwierigkeit: Wie läßt sich das Ziel in konkretes erzieherisches Handeln umsetzen? Was ist lehrbar, wenn es zu existenzieller Begegnung und Du-Beziehung kommen soll? Geschenk- und Gnadenhaftes kann pädagogisch nicht erreicht werden. Dazu tritt die weitere Schwierigkeit: Wie ist das Ziel zu vermitteln mit den funktionalen Notwendigkeiten, mit der Welt technischen Arbeitens und materiellen Erwerbs? Wie ist Du-Beziehung zu vermitteln mit dem Leben in den sekundären Systemen moderner Gesellschaft?
In diesen Fragen liegen wohl die Gründe dafür, daß diese Versuche, das Humane als Zielsetzung wiederzugewinnen, nur im Denken der Menschen, aber kaum in der täglichen Praxis unserer Schulen wirksam wurde. Die Impulse, die aus diesem Denken hervorgingen, die Lehrer und Erzieher motivierten und die Beziehungen zwischen

Lehrern und Schülern mitbestimmten, sollten allerdings nicht zu gering gewertet werden, wenn sie auch nicht meßbar waren. Wichtiger und wirksamer war aber wohl noch ein äußerer Gegengrund: die Entdeckung der sog. „Bildungskatastrophe" und ihre politische Wirksamkeit.

4. Die Ausschöpfung des Begabungspotentials und die wissenschaftsorientierte Bildung

Der Eintritt der Bundesrepublik in die Weltwirtschaft und Weltkonkurrenz brachte ganz neue Sichtweisen und Forschungsrichtungen auch für den pädagogischen Raum mit sich. Die Anfänge der Bildungsökonomie in Deutschland liegen schon im Beginn der 50er Jahre. Bereits 1953 erscheint ein Aufsatz von Edding mit dem Titel „Die Qualität des Nachwuchses als bestimmender Faktor unseres künftigen wirtschaftlichen Leistungsniveaus" (nachgedruckt 1963, S. 13 ff.). Das Wirtschaftswunder basierte auf der Ausbildung einer älteren Generation; aber würde auch die heranwachsende konkurrenzfähig sein? Vergleichende Forschungen zeigten, daß die Bildungsinvestitionen und die Anzahl der Schüler mit höheren Schulabschlüssen in den meisten Industrienationen über den deutschen lagen. Zugleich zeigte sich, daß das Bruttosozialprodukt dort am höchsten war, wo die Schulbildung am besten ausgebaut war. Trotz der gewaltigen Entwicklung kam daher die Angst auf, die Bundesrepublik könne bald nicht mehr konkurrenzfähig sein. Wer diese Gesellschaft sichern und den Lebensstandard stabilisieren wollte, so schien es, mußte zunächst dafür sorgen, daß das „Begabungspotential" ausgeschöpft, „Arbeitspotential" ausgebildet und in „Bildung" investiert würde. Die Neuorientierung in der Zielsetzung schien funktional notwendig.

„Bildung als produziertes Produktionsgut", „Bildungsaufwand als wachstumsfördernde Investition", „Bildung als rentierliche Investition" sind bezeichnende Kapitelüberschriften (Edding, S. 88, 94, 97). Man beobachtet „die Nachfrage der Gesamtwirtschaft und einzelner Berufszweige nach Leistungen der Bildungseinrichtungen in ihren quantitativen und qualitativen Veränderungen" (S. 64) und bestimmt von da aus, wie die Bildungswege ausgebaut werden. Das volle Gewicht im politischen Raum bekam diese Sichtweise, als

Georg Picht den Bildungs*notstand* 1964 ausrief: ,,Bildungsnotstand heißt wirtschaftlicher Notstand" (S. 17). Die *Katastrophe* schien fast unabwendbar; ,,unser Bildungswesen ist funktionsunfähig geworden" (S. 26). Nur der ,,Entwurf eines Notstandsprogramms" (S. 65) kann in letzter Minute das Schlimmste verhüten. Die funktional not-wendigen Zielsetzungen werden fast auf jeder Seite der zitierten Bücher und in der allgemeinen Publizistik propagiert. Zwar litt man noch nicht Not, aber man hatte Angst vor drohender Not.

Die pädagogischen Konsequenzen für die Schulwirklichkeit werden dabei erst voll einsichtig, wenn man die Zielsetzung noch präzisiert. Es ging nicht um die wirtschaftliche Nachfrage nach menschlicher Bildung überhaupt, sondern ,,unter dem Einfluß der technischen Entwicklung" (Edding, S. 18). Technik aber ist immer Anwendung von empirisch gewonnenen wissenschaftlichen Erkenntnissen. Die Wirklichkeit selbst sah man immer mehr als eine wissenschaftsgeprägte, nicht nur im Wirtschaftsbereich; daher mußten Menschen, die diese Wirklichkeit verstehen und weiterentwickeln sollen, wissenschaftsorientiert gebildet sein. Wissenschaftsorientierte Bildung in diesem Sinne wurde aber vor allem im (mathematisch-naturwissenschaftlichen) Gymnasium vermittelt. Bisher konnten nur Abiturienten als adäquat ausgebildet gelten. ,,Die Zahl der Abiturienten bezeichnet das geistige Potential eines Volkes, und von dem geistigen Potential sind in der modernen Welt die Konkurrenzfähigkeit der Wirtschaft, die Höhe des Sozialprodukts und die politische Stellung abhängig" (Picht, S. 26). Das Kardinalproblem schlechthin schien die Vermehrung der Abiturientenzahl (ebd. S. 65).

Nicht nur in der Kulturpolitik, sondern auch in der Erziehungswissenschaft, die sich von einer Pädagogik zu einer empirischen, kausalanalytischen, zweckrationalen Wissenschaft zu verändern suchte, wurden die Gedanken aufgenommen. Auch die damit verbundene Wendung von einem individuell-personalen zu einem gesellschaftsorientierten Denken lag im Zuge der Zeit.

Theodor Wilhelm entwickelt in diesen Jahren seine ,,Theorie der Schule". ,,Die Wirklichkeit muß für die Zwecke der Schule neu vermessen werden. Der einzige Vermessungsmaßstab, der zur Verfügung steht, ist der der Wissenschaft" (S. 209). Wilhelm geht diesen Weg konsequent zu Ende: ,,Was für einen Menschen . . . ,brauchen' die Wissenschaften? Wie muß der Mensch im ganzen beschaffen sein, damit sich die Neuvermessung der Schule mit dem Maßstab der Wissenschaften als sinnvoll und notwendig erweist?" (S. 214). Noch schärfer: „Wie muß er (der Mensch, d. V.) verfaßt sein, damit die Wissenschaftsschule nicht gleich am ‚Wesen' des Menschen scheitert?" (ebd.). Es ist einzuräumen, daß der Verfasser den Wissenschaftsbegriff selbst relativ weit faßt; aber in dieser Zeit konnte die These nur im Sinne empirisch-technischer Wissenschaftlichkeit wirken. Jedenfalls ist die Wissenschaft das Primäre, der Mensch hat sich in seinem Sein an ihr auszurichten. Das ist Aufgabe der wissenschaftsorientierten Schule.

Die umfassende Wirksamkeit dieser Zielkonzeption zeigt sich allenthalben. Noch 1970 stellt der Deutsche Bildungsrat in seinem „Strukturplan für das Bildungswesen" lapidar an den Anfang seiner Aussagen über schulisches Lernen: „Die Bedingungen des Lebens in der modernen Gesellschaft erfordern, daß die Lehr- und Lernprozesse wissenschaftsorientiert sind" (S. 33). Die funktionale Zielbegründung wird hier exakt formuliert.

Diese wird allerdings auch von human orientierten Zielvorstellungen beeinflußt. Man möchte die Zweiteilung der Menschen in humanistisch und volkstümlich Gebildete überwinden, die Unterprivilegierten fördern, Chancengleichheit herstellen. Es geht Pädagogen und Politikern darum, auch das vielzitierte „katholische Mädchen vom Lande" gleichwertig mit allen anderen zu fördern. Aber diese Zielsetzung bleibt formal; entscheidend ist, worin man die Förderung sieht. Das aber ist die wissenschaftsorientierte Bildung und Ausbildung; diese wird einmal erstrebt, indem man immer mehr junge Menschen zur Mittleren und Hochschulreife bringt, und ein weiteres Mal, indem man alle Schulen, selbst die Vorschulen, am gemeinsamen Ideal des wissenschaftsorientierten Lernens ausrichtet. Die gemeinsame Wissenschaftlichkeit der Bildungsgänge soll nicht nur durch Integration der Schularten in der Gesamtschule, sondern auch durch die Integration von allgemeinbildenden und beruflichen Schulen und Bildungsgängen ermöglicht werden (Deutscher Bildungsrat, 1974).

„Wissenschaftsnahe Grundbildung sichert berufliche Mobilität und damit bessere soziale Chancen". Bildung und Ausbildung müssen „dem einzelnen eine bessere Einfügung in den wirtschaftlichen Prozeß ermöglichen und ihm die Chance eröffnen, den Leistungsanforderungen einer modernen Industriegesellschaft gerecht zu wer-

den" (Bund-Länder-Kommission für Bildungsplanung, S. 9). Die Bund-Länder-Kommission ergänzt 1973 diese Aussage allerdings schon durch Ziele aus der Emanzipationspädagogik, über die noch zu sprechen ist.
In diesem Zusammenhang fügt sich auch die didaktisch-methodische Diskussion der damaligen Zeit. Das „Programmierte Lernen" soll möglichst effektiv und billig das Verhaltensrepertoire des Individuums optimieren; es werden Lernziele als beobachtbares, genau fixiertes Endverhalten gesetzt, dessen mehr oder minder geglückte Verwirklichung meßbar ist. Der Mensch wird zum Objekt zweckrationaler Manipulation durch Unterricht, um die Qualifikationen zu erzeugen, die funktional gebraucht werden. Magers Buch über „Lernziele und Programmierten Unterricht" gewinnt fast dogmatischen Charakter.
Auch die sog. „musischen Fächer" wollen nicht abseits stehen. Der Bund deutscher Kunsterzieher formuliert etwa einen Katalog von 23 Lernzielen von der Art: „Der Schüler soll ferner wissen
— daß im Rahmen der visuellen Kommunikation die triadische Feindifferenzierung im Objektbezug (semantische Dimension) wesentlich ist und
— daß sie nach Icon, Symbol und Index unterschieden ist.
— Er soll dabei wissen, daß die semiotische Unterscheidung von Icon und Symbol der kommunikationstheoretischen Codierung von analoger und digitaler Kommunikation entspricht" (Otto, S. 138). So geht es über fünf Druckseiten weiter.
Es ist heute nicht nötig, die Folgen dieser Umorientierung der Schule im einzelnen aufzuzählen; die Kritik ist inzwischen genauso modisch geworden wie vor zehn Jahren die Propagierung. Man muß heute die Wissenschaftsorientierung eher wieder — in ihren angemessenen Grenzen — verteidigen (vgl. Messner). Es ist an das grundsätzlich im 1. Kapitel Gesagte zu erinnern: Es ist durchaus human, daß der Mensch Funktionen in der Gesellschaft übernimmt; er muß sich auch so qualifizieren, wie es der Entwicklungsstand jeweils erfordert. Daher kann auf eine verstärkte Wissenschaftsorientierung nicht verzichtet werden, wenn auch noch sehr genau zu prüfen ist, was und zu welchem Zeitpunkt etwas gelernt werden muß, um den Menschen zu befähigen, in dieser Gesellschaft das Seine zu leisten.
Es ist aber inhuman, den Menschen und seine Bildung durch ein

wissenschaftliches Denken und wissenschaftsgesteuertes Verhalten zu definieren, darin das „Wesentliche" des Menschen zu sehen. Daß man in dieser Richtung zu weit gegangen ist, wurde wiederum am Leid der Schulkinder und der Menschen überhaupt sichtbar, das ihnen diese Entwicklung gebracht hat. Leidend erkannte man, daß eine solche Schule „krank macht", und entdeckte neue Ziele mit ausgesprochen humaner Begründung. Davon wird an anderer Stelle ausführlich zu sprechen sein.

5. Die Bewältigung von Lebenssituationen

Unter den pädagogischen Konzeptionen, die die Schulwirklichkeit in den letzten Jahrzehnten am meisten beeinflußt haben, ist gewiß die Curriculumtheorie zu nennen. Das Curriculum stellt eine systematische und begründete Einheit von Aussagen über Zielvorstellungen verschiedenen Abstraktionsniveaus, konkrete Unterrichtsziele, Themen, Methoden und Medien des Unterrichts dar, und zwar nicht als deskriptive Analyse, sondern als Entwurf, als Planungsinstrument. Lehrpläne, die von der Exekutive für die Schulen erlassen werden, können annähernd curricular gestaltet werden; wirklich ausgearbeitete Curricula gibt es aber bisher höchstens in Ansätzen für überschaubare Einheiten.
Vieles, was heute im Zusammenhang der Curriculumtheorie diskutiert wird, ist allerdings von dieser nur aufgenommen worden. Die Einheit von Zielen, Themen, Methoden und Medien hatte schon vorher die lerntheoretische Theorie des Unterrichts analytisch angesprochen; lernzielorientierter Unterricht war vorher im Zusammenhang des Programmierten Unterrichts entwickelt worden. Das entscheidend Neue, das durch Robinsohn und seine Mitarbeiter seit 1967 in die Diskussion gebracht wurde, war meiner Einschätzung nach die systematische Begründung der Zielsetzungen: Der Mensch wurde gesehen als ein Wesen, das sich immer in Lebenssituationen vorfindet, die es bewältigen muß. Diese Lebenssituationen sind vielfältig und historisch unterschiedlich. Zu ihnen gehören sowohl die Arbeitswelt, als auch die Lebensbereiche der Familie, des freien geselligen Lebens, der Gemeinde und des Staates.
Es sollte bei der Erstellung des Curriculums gefragt werden, welche Lebenssituationen die Menschen gegenwärtig oder zukünftig zu be-

wältigen hätten, um daraufhin die Qualifikationen auszumachen, die sie für diese Bewältigung brauchten. Im letzten Schritt sollten dann die Curriculumelemente gefunden werden, an denen man diese Qualifikationen lernen kann.
Es ist deutlich, daß hier auch eine funktionale Zielsetzung vorherrschend ist. Aber dieses Konzept der Zielbegründung ist viel weiter als das der Ausschöpfung des Begabungspotentials für die wissenschaftlich-technische Arbeitswelt. Es wird dem Menschen eher gerecht, es ist in diesem Sinne „humaner", weil es den Menschen in allen seinen Situationen und Beziehungen sehen läßt. Man muß ja auch qualifiziert sein, die vielleicht kritische Situation in Freundschaft oder Ehe zu bestehen oder in einer sich immer mehr ausweitenden Freizeitwelt eine sinnvolle Betätigung auszuüben. Es ist ein durchaus bedenkenswerter Ansatz, das Menschsein in dieser Welt von den Situationen her aufzuschlüsseln, in denen der Mensch sich bewähren muß. So könnte von hier ähnlich wie im Bildungskonzept wieder nach der Einheit von funktionalen und humanen Zielen gefragt werden.
Aber hier liegt natürlich zugleich auch das Problem, das bald deutlich wurde. Zunächst war die Aufgabe, die Lebenssituationen zu beschreiben und gar die künftigen Lebenssituationen der Schüler auszumachen, viel zu umfassend, als daß sie in absehbarer Zeit zu leisten gewesen wäre. Man mußte sich auf einzelne Situationen beschränken und fing etwa bei „Arbeitsplatzanalysen" (Knab, S. 32) an. Diese, aber auch jede andere Auswahl führte notwendig in eine Enge, wenn man sie nicht bewußt nur als Auswahlbeispiele sah. Damit konnte das Ziel der Qualifikation für Arbeit in technischer Welt auch den umfassenden Zielansatz der Curriculumtheorie überlagern, ebenso natürlich auch das Ziel der Qualifizierung für bestimmte politisch-gesellschaftliche Situationen.
Außerdem blieb ungeklärt, was es heißt, Situationen zu „bewältigen". Darunter kann weit mehr verstanden werden als die funktionale Leistung, die von Betrieb oder Gesellschaft gefordert wird, damit ihr Bestand oder ihre Entwicklung gesichert bleiben. Das scheint auch den Urhebern des Konzepts bewußt zu sein. Doris Knab erwartet in den Curriculum-Kommissionen Vertreter „der im weitesten Sinne anthropologischen Disziplinen ..., um das Bedingungsgefüge zu durchleuchten, das diese Situationen und die aus ihren Anforderungen abzuleitenden Qualifikationen charakterisiert,

und damit auch die in beiden enthaltenen normativen Voraussetzungen. Sonst würden hier Sachzwänge postuliert, die in Wirklichkeit Wertentscheidungen sind" (S. 35). Klafki macht später nachdrücklich darauf aufmerksam, daß in den zu analysierenden Situationen sowohl die Zielsetzungen wie Selbstbestimmungs- oder Kritikfähigkeit als auch die inhaltlichen Momente politischer, geschichtlicher, naturwissenschaftlich-technischer oder ästhetischer Art bereits enthalten sind (Klafki, 1976, S. 85). Es können daher nicht didaktisch Curriculumelemente austauschbarer Art gefunden werden, an denen man die Qualifikationen für Situationsbewältigung lernt; vielmehr zeigt die Situationsanalyse selbst, daß immer schon bestimmte Ziele und Normen in der Interpretation vorausgesetzt werden. Daher kann die Situationsanalyse durchaus ein heuristisches Instrument sein, um zu differenzierten Zielvorstellungen zu kommen, aber keine Letztbegründung von Erziehungszielen.

Andererseits kann man die erlebte und erlittene Situation auch als Ursprung einer Besinnung sehen, die die Menschen zu veränderten Zielvorstellungen führt. Man empfindet z. B., daß man die Arbeitssituationen eben nicht human „bewältigt" hat, wenn alles einwandfrei funktioniert, und die geschichtliche Situation nicht, wenn die Gesellschaft wohl formiert einen hohen Lebensstandard erreicht hat. Man leidet darunter, entbehrt Freiheit, Selbstbestimmung, personale Beziehung, die eben in der Analyse der eigenen Situation als das Entbehrte und zugleich eigentlich Humane erscheinen. In der Curriculumtheorie ist das m. W. nicht weiter diskutiert worden, aber so könte man den Ursprung der letzten wirkungsvollen Zielkonzeption dieser Jahrzehnte interpretieren: den Ursprung der Emanzipationstheorie.

6. Emanzipation

Das Wirtschafts- und Verwaltungssystem der Industrienationen schien fast perfekt durchorganisiert; man hatte sogar die Instrumente entwickelt, um Struktur- und Konjunkturkrisen der freien Marktwirtschaft zu meistern. Auch die deutsche Gesellschaft hatte sich wieder formiert. Sie konnte wieder Krisen wie die von 1966 überwinden. Die im Nationalsozialismus zerbrochenen Norm- und Wertvorstellungen hatten sich wieder gefestigt; die Familie hatte alle Stürme überstanden. Das rechtsstaatliche Leben aufgrund demokratisch erlassener Gesetze schien gesichert. Alles war „in Ordnung".

Aber gerade in dieser Situation brach der unerwartete Sturm unter der intellektuellen Jugend los. Gesetz und Ordnung wurden als Bedrohung gesehen; sittliche Normen und Wertvorstellungen vor allem im Bereich der Sexualität erschienen als Instrument zur Erzeugung autoritärer Charaktere (vgl. Haug/Maessen); die funktionierende Wirtschaft galt als das große Mittel, die arbeitende Bevölkerung zu bestechen, um sie von der Inhumanität ihrer Existenz abzulenken und die Herrschaft der Herrschenden zu sichern (vgl. Marcuse). Es ist hier nicht der Ort, die einzelnen Erscheinungen dieses Unmuts zu analysieren und darzustellen, erst recht nicht, die weltweiten parallelen Entwicklungen zu beschreiben (vgl. Mehnert). Es geht nur um den Kern dieser gesamten Bewegung, die mit einem solchen missionarischen und teilweise revolutionären Programm neue Zielsetzungen für die Erziehung verkündete und eine solche Bewegung in unser Schulwesen brachte (vgl. Kerstiens, 1975).

Offensichtlich litten junge Menschen daran, daß sie in Schulen und Hochschulen zwar mehr oder minder perfekt für die späteren Berufssituationen qualifiziert wurden, aber kaum eine Möglichkeit hatten, selbst mitzugestalten, Alternativen zu erproben und als inzwischen Erwachsene aus der Schülerrolle herauszukommen. Sie litten daran, daß sie nur noch die Erben sein sollten, die berufen waren, weiterzuführen, was andere geschaffen hatten. Sie litten daran, daß sie nach Normen, die für sie den religiösen und humanen Sinn verloren hatten, im Sexuellen asketisch leben sollten bis zur immer späteren Familiengründung. Sie litten unter der „Eindimensionalität" der wissenschaftlich-technisch bestimmten Lebenswirklichkeit. Daher wurde ihr großes Ziel: Freiheit, Selbstverantwortung, „Mündigkeit" in einer ganz spezifischen Deutung. Das war, so schien es, aber in dieser Gesellschaft und Welt nicht zu haben. Vorausgehen mußte der Akt der Befreiung, der Veränderung oder Zerstörung der bestehenden Institutionen, Normen, Autoritätsverhältnisse, Traditionen. Auf diesen Befreiungsakt richtete sich die Aufmerksamkeit; wie das Leben später in der neuen freien Gesellschaft aussehen sollte und könnte, wußten die Wortführer noch nicht zu sagen. Qualifikation für Befreiung ist aber etwas anderes als Qualifikation für Freiheit, auch wenn man das nicht zugab.

Einige Erziehungswissenschaftler, die sich weitgehend mit der Bewegung identifizierten, versuchten zwar eine differenzierte, abgewogene Antwort. Lempert sieht das emanzipatorische Interesse als „das Interesse des Menschen an der Erweiterung und Erhaltung der Verfügung über sich selbst" (S. 483). Giesecke möchte den jungen Menschen zum „Herrn der eigenen Entschlüsse" werden lassen und zu „emanzipierter Beteiligung" befähigen (1969, S. 92 ff.); er sieht die Aufgabe der Erziehung nicht mehr darin, bestimmte Lebensversionen zu planen, sondern nur noch Aufklärung über die Voraussetzungen möglicher Lebensversionen anzubieten (1973, S. 44). Aber diese Pädagogen bestimmten nicht die Bewegung; das waren vielmehr die Studenten und Assistenten an den Hochschulen und einige Kulturpolitiker, die diese politisch so wirkungsvolle Bewegung aufnahmen.

Wie kam es zu diesem Leiden an der vorgegebenen Realität? „Dazu ist die Entstehung eines Bewußtseins von der eigenen Unterprivilegierung und Unterdrückung nötig" (Wellendorf, S. 85). Das Bewußtsein entsteht durch die „Relativierung der Schule, ihrer Normen, Praktiken und Autoritätsformen aufgrund umfassender gesellschaftlicher Veränderungen"; das Bewußtsein wird von der Schule „selbst produziert". Die Schule vermittelt die Ideen von „Gemeinschaft", „Verantwortung", „Bildung", „Mündigkeit", aber kann sie nicht einlösen. So liefert sie die Waffen gegen sich selbst, zumal Mittelschicht und höhere Schule aufgrund ihres Selbstverständnisses „ein Minimum an kritischer Distanz gegenüber den bestehenden Formen gesellschaftlicher Herrschaft entwickeln" müssen (S. 87). Diese Analyse trifft m. E. ziemlich genau den Sachverhalt: Ein relativ vages Selbstverständnis des Menschen, das sich in diesen Begriffen andeutet, trifft auf eine Situation, in der sich diese Ideen nicht realisieren lassen. Daher werden sie in dem einseitigen Sinne, den das Leiden an unerfüllter Menschlichkeit produziert, als das eigentliche Humane gewertet. Ist in dieser Situation einmal dieses neue Bewußtsein erstarkt, wird die gesamte Wirklichkeit nur noch unter diesem Aspekt wahrgenommen. Das unbezweifelbare soziale Engagement dieser Gruppe führte sie dann dazu, die noch viel weiterreichende Inhumanität der Existenz anderer Gruppen zu erkennen: der Menschen in der Dritten Welt oder auch der Arbeiterschaft und der sozialen Randgruppen.

Gewiß muß man auch auf die Bedeutung der Lehrer hinweisen, auf

die Frankfurter Schule, auf Habermas und Marcuse (vgl. Kerstiens 1975). Sie hätten diese Wirkung aber nie gehabt, wenn die Jugend nicht in deren Theorien das eigene Leiden artikuliert gefunden hätte; die Lehrer wurden abgeschoben und bekämpft, sobald die Bewegung über sie hinweggegangen war.
Wie aber qualifiziert man sich für Befreiung? Die Antworten sind zahlreich; sie können hier nicht referiert werden. Nur Andeutungen seien gegeben. In antiautoritären Kindergärten und Kinderläden sollte die kommende Generation Selbstbestimmung lernen; „oberste Forderung an jede Erziehung muß sein, . . ., die zu Erziehenden zu befähigen, gesellschaftliche Unterdrückungszusammenhänge zu durchschauen und zu durchbrechen. Das gilt besonders für jede Sexualerziehung" (AUSS, in: Haug/Maessen, S. 37). Dabei bleibt es aber nicht: „In der Tat sind die Probleme der Sexualität unser Einstieg für die Politisierung der Schüler gewesen, und das war nicht nur ein oppurtunistisches oder taktisches Element, sondern wir glaubten tatsächlich, daß Probleme der Sexualität zentrale Probleme von Familie, von Herrschaft, von Unterdrückung, von Konsum, Manipulation usw. sind" (ebd. S. 79). Man fordert von der Schule: „Die Schule muß kritische Individuen und keine angepaßten Karriereritter entlassen. Die Schule darf nicht das Glied der Gesellschaft sein, in der sie sich in der alten Form wieder reproduziert; sie muß die Gesellschaftsstruktur radikal in Frage stellen können. Das heißt: Erziehung emanzipierter Individuen!!! Doch das alles kann die Schule nicht von selbst, das kann sie nur im Auftrag einer emanzipierten, das heißt demokratisierten, das heißt sozialistischen Gesellschaft tun!" (im Original 11 Ausrufungszeichen) (S. 43). Zum Schluß ist emanzipatorische Erziehung nicht mehr „subversives Bildungsprinzip", sondern geht in die „Erziehung zum Sozialismus" und in die „solidarische politische Aktion selbstbewußter Subjekte" über (Beck, S. 152). Die Spannweite von aufklärerischen bis zu dogmatisch-marxistischen Gedanken wird deutlich.
Offizielle Richtlinien für die Schulen, Schulbuchproduktionen, inoffizielles Lehrmaterial und pädagogische Entwürfe spiegeln unterschiedliche Positionen auf diesem Felde. Die ideologischen Entartungen sind zahlreich, aber nicht alles, was unter dem Begriff der Emanzipation gefordert wurde, kann deswegen einfach verurteilt werden. Man muß sehen, daß auch diese neue Zielproklamation im Ursprung aus dem Leiden an einer als inhuman erlebten Wirklich-

keit hervorgegangen ist und gegen bestehende Verhältnisse bestimmte Aspekte des Humanen zur Geltung bringen wollte. Der Protest gegen die *Ein*dimensionalität technisch-rational gesteuerten Funktionalismus verweist auf die *Viel*dimensionalität menschlichen Erlebens und Handelns; der Protest gegen Normen, deren Sinn man nicht mehr erfaßte, verweist darauf, daß Normen sich an einer normbegründenden Vorstellung vom Menschen als angemessen erweisen müssen; der Protest gegen übermächtige Autoritätsansprüche der älteren Generation und gegen das reine Nachfolger-Dasein macht darauf aufmerksam, daß Menschen auch ihre eigene Spontaneität und Kreativität entfalten müssen.

Die Zielvorstellungen emanzipatorischer Politik und Pädagogik stehen teilweise in scharfer Antithese zur wissenschaftsorientierten Erziehung, da diese den Menschen oft nur für die Funktionen in der „eindimensionalen" Arbeitswelt zurüsten will. Sie können aber in gewissen Bereichen mit der Forderung nach wissenschaftsorientiertem Lernen verbunden werden: Indem der volkstümlich gebildete Volksschüler selbst Zugang zu wissenschaftlichen Denkformen bekommt, emanzipiert er sich aus vorher gegebenen Abhängigkeiten und gewinnt Zugang zu Vermittlungs- und Führungspositionen. Auch die Lehrer-Schüler-Beziehung soll verändert werden: „Emotionalität im Unterricht, Bindung der Schüler an den Lehrer und umgekehrt verhindern Kritik und Auflehnung. Gegen Emotionalität kann man nicht argumentieren, ein Lehrer, den die Schüler mögen, ist schwer zu kritisieren. Emotionalität, Bindung, Zuwendung sind Mechanismen einer kaschiert autoritären, entmündigenden Pädagogik. Unterricht muß rational distanziert, sachlich ‚wissenschaftlich' sein. Der Lehrer muß seine Leidenschaft zurücknehmen. ‚Nicht Bindung ist das Entscheidende, sondern die Ablösung'" (Klink, 1974, S. 80). Diese Auffassung, über die Klink berichtet, ist politisch wirksam geworden in der Diskussion über den wissenschaftlich qualifizierten Fachlehrer in der Grundstufe. In den „Leitlinien einer liberalen Bildungspolitik" der FDP von 1972 heißt es: „Die schrittweise Einführung des Unterrichts durch Fachlehrer soll erreichen, daß schon in der Grundstufe das Bild von dem einen Lehrer als Bezugsperson zugunsten der Aspekte der Sachlichkeit und Emanzipation langsam abgebaut wird" (Klink, 1972, S. 118).

7. Alternativen

Während der ganzen Zeit, deren Zielvorstellungen hier umrissen wurden, konnte man die Schulwirklichkeit natürlich nicht mit den jeweils in den Vordergrund tretenden Zielen identifizieren. Zwar wurden wohl alle Schulen von den jeweiligen Wellen erreicht, aber oft erwies sich das Profil der einzelnen Schule als so stark und widerstandsfähig, daß es nur am Rande von der Neuorientierung beeinflußt wurde.
Das gilt für manches humanistische Gymnasium, in dem Lehrer und Eltern überzeugt waren, daß die humanistische Tradition nach wie vor eine geistige und menschliche Bildung vermittelt, die sogar für ein empirisch-technologisches Studium eine bessere Voraussetzung sei als wissenschaftsorientierte Unterrichtsweise im modernen Sinne. Das gilt ebenso für manche Schule in kirchlicher Trägerschaft, die auch in der Epoche der Emanzipation Sinndeutungen des Lebens aus dem Glauben zu vermitteln suchte und nicht nur Normenkritik, sondern auch Normengültigkeit den Schülern verständlich machen wollte. Man darf auch an die Schulen erinnern, die wie z. B. die Odenwaldschule oder Kloster Wald neben der gymnasialen Ausbildung bewußt ein Handwerk pflegten und darin zur Gesellenprüfung führten, da sie handwerklich-gestalterische Arbeit als Ergänzung zur intellektuellen Bildung im Fachunterricht als notwendig ansahen. Die Waldorfschulen versuchten von ihren anthroposophischen Voraussetzungen her, den Menschen in seiner Ganzheit anzusprechen, vor allem auch die emotionale Seite zu pflegen und eine ganz intensive Lehrer-Schüler-Beziehung zu fördern. Das gilt aber auch für die vielen Schulen im Lande, in denen Lehrer wirkten, die ihre Identität nicht alle paar Jahre ändern konnten und wollten.
Es ist zu fragen, ob diese Schulen nur Randerscheinungen am breiten Wege der Schulreform für die Zukunft sind oder ob in ihnen vielleicht nicht auch etwas gepflegt und bewahrt wurde, dessen humaner (und auch funktionaler!) Sinn jetzt erst wieder sichtbar wird, nachdem die Menschen nun an den Einseitigkeiten und ideologischen Entartungen der Zielvorstellungen aus den letzten Jahren leiden. Es ist wohl kein Zufall, daß gerade solche Schulen heute von den Eltern gesucht werden.

III. Kapitel
Zielvorstellungen in der Gegenwart

1. Die heutige Not

Wer die engagierte und politisch wirksame Diskussion über die Erziehungsziele in den letzten Jahren verfolgt, stellt wiederum fest, daß fast alle Postulate Antworten sind auf die Erfahrung einer Not. Diesmal artikulieren sich allerdings nicht wie in der emanzipatorischen Bewegung die Leidenden selbst, sondern diejenigen, die für sie einzutreten haben. Es kann nicht anders sein; denn es leiden nicht so sehr intellektuelle Jugendliche und junge Erwachsene, sondern Kinder. Ihr kindliches und menschliches Sein erscheint gefährdet; die Symptome sind teilweise so stark, daß sie als Krankheiten diagnostiziert werden können. Häufiger noch sind Verhaltensstörungen und Desorientierung, und auch bei den normalen Kindern glaubt man Entwicklungen wahrzunehmen, die ein gesundes und erfülltes menschliches Leben gefährden.

Es ist kennzeichnend, daß die Diskussion über die Erziehungsziele vor allem von Psychotherapeuten, Kinderärzten und Elternvertretern geführt wird. Sie erleben die Leiden ihrer Kinder bzw. Patienten im Alltag und in der Praxis. Ihre Äußerungen sind fast wie Alarmrufe und finden heute ein weites Echo. Die Medien der öffentlichen Meinung und die Stellungnahmen der Politiker tragen die Zieldiskussionen und die veränderten Postulate bis in jedes Haus. Offensichtlich war mehr oder minder latent die Noterfahrung weit verbreitet; sonst wäre ein solches Echo gar nicht verständlich.

Das Besondere der heutigen Diskussion liegt darin, daß man den Grund für die Not der Kinder allein oder besonders in einer verfehlten Schulerziehung zu finden glaubt. Es mag zugegeben werden, daß die Schulen, vor allem die Lehrer in ihr, nicht die Alleinschuld tragen, da sie ja in die jetzige Situation durch gesamtgesellschaftliche Bedingungen und Entwicklungen gedrängt worden sind; aber manifest wird die Not in der Schule. Es wird die Frage gestellt: „Macht die Schule krank?" (Wandel); aber häufiger ist die These: „Die Schule macht krank". Dabei wird die Ursache der Krankheiten,

der Verhaltensstörungen, der menschlichen Deformation und der Fehlentwicklungen gerade in den Erscheinungsformen der Schule gesucht, die durch die Reformziele der letzten 15 Jahre bestimmt sind. „Verwissenschaftlichung" und „Emanzipation" haben oft schon den Charakter von Verdammungsurteilen, wobei in der Regel kaum zwischen den sehr verschiedenen Zielvorstellungen unterschieden wird, die sich hinter jedem dieser beiden Begriffe mehr verbergen, als sie sich in ihnen ausdrücken.
Daran mag es auch wohl liegen, daß die Erziehungswissenschaftler zum großen Teil erst mit einiger Verzögerung in dieses Gespräch über die Erziehungsziele eingegriffen haben. Sie hatten sich großenteils mit den vorhergehenden Zielvorstellungen identifiziert; sie hatten diese auch genauer differenziert, so daß sie die Pauschalkritik eher als einen Angriff, nicht als abgewogenen Diskussionsbeitrag auffaßten. Aber inzwischen gibt es auch eine breite erziehungswissenschaftliche Diskussion nicht nur über die kritisch zu bewertenden Entwicklungen unter den alten Leitzielen, sondern auch über die not-wendigen Änderungen in der Zielperspektive.
Zu fragen ist, worin die *heutige Not* liegt; nur von daher ist verständlich, welche Erziehungsziele man heute für notwendig hält.

a) An erster Stelle werden wohl *Streß* und *Leistungsdruck* in der Schule genannt. Das liegt allerdings häufig nicht daran, daß die Schüler mehr leisten und länger arbeiten müßten als früher, sondern daran, daß die rationale meßbare Leistung zum absoluten Maßstab geworden ist. Solange es selbstverständlich war, daß man normalerweise in der Volksschule blieb und nur die leistungsstarken und häuslich stark geförderten Schüler auf weiterführende Schulen gingen, solange man zudem mit einem durchschnittlichen Schulabschluß seinen Lebensberuf fand, war die gemessene, in Noten ausgedrückte Leistung nicht so entscheidend.
Nachdem aber die einseitig funktionale Zielsetzung die Ausschöpfung des Begabtenpotentials zur politischen Pflicht machte, die Bildungswerbung deshalb möglichst jeden in höhere Schullaufbahnen lockte, die Schulorganisation so ausgebaut wurde, daß für jeden mindestens eine Realschule vor der Tür lag, da wurde es tatsächlich zum Makel, nur in der Hauptschule zu bleiben oder den jeweils notwendigen Notenschnitt zu verfehlen, der die weiteren Wege öffnete. Jetzt setzte der Zwang der Nachbarschaft ein: Wenn

Fritz von nebenan das schafft, kann mein Kind nicht zurückbleiben. Je nach Schulorganisation im dreigliedrigen Schulwesen, in Orientierungs- und Förderstufen, in kooperativen oder integrierten Gesamtschulen stellt sich das Problem ein wenig anders dar; aber die unterschiedlichen Prozentpunkte, die empirische Forscher hier errechnen, lassen noch keine grundsätzliche Lösung erkennen.
Vollends zum Widersinn entwickelte sich diese Situation, als offenbar wurde, daß die Einschätzung der Bildungsökonomie aus den 50er und 60er Jahren falsch war. Das „Kardinalproblem: Vermehrung der Abiturientenzahl" (Picht, S. 65) wurde so „gelöst", daß es heute mehr Abiturienten gibt, als Hochschule, Wirtschaft und Staat aufnehmen und in die in Aussicht gestellten Positionen lenken können. Es sind nicht „90 % der Hochschulabsolventen Lehrer" geworden (ebd), und doch gibt es mehr, als eingestellt und bezahlt werden können. Die Folgen sind allgemein bekannt: Nun entscheiden Zehntelnoten über Numerus-clausus und Berufslaufbahnen, tatsächlich zwar nur in einigen Fächern, im Bewußtsein der Menschen aber fast allgemein. Hoffnungen werden enttäuscht, der Verdrängungswettbewerb setzt sich nach unten fort, Existenzangst treibt an und lähmt zugleich. Man sucht den Schuldigen und klagt die in den Institutionen Verantwortlichen an, jedoch mit ganz anderen Motiven als in der Zeit der Emanzipationswelle.
Aus der Fülle der Symptome sei nur ein Beispiel genannt: Vor 10 Jahren begann man, nach Möglichkeiten der „Doppelqualifikation" zu suchen; Schul- und Berufsausbildung rückten, beide wissenschaftsorientiert, so nahe zusammen, daß man auch den Berufsschülern noch zu einer Hochschulqualifikation verhelfen konnte, um so auch kulturpolitisch den Graben zwischen den Schulgattungen zu überwinden. Heute strebt man Doppelqualifikation an, um Abiturienten in Berufe ohne Hochschulausbildung zu lenken oder um ihnen einen handwerklich-schöpferischen Ausgleich gegen die wissenschaftliche Intellektualisierung zu bieten. Nicht die Kollegstufe in Nordrheinwestfalen, sondern die Waldorfschulen und ähnliche Versuche haben den großen Zulauf.
Die Symptome können und brauchen hier nicht im einzelnen analysiert zu werden. Eines ist jedenfalls klar: Wenn die funktionalen Zielsetzungen in der Schulerziehung so übermächtig werden wie zu Beginn der 60er Jahre, dann endet die Entwicklung im Leid der Kinder. Die Bedarfsprognose ist offenbar nicht möglich; die Menschen

nach dem vermeintlichen Bedarf zuzurichten, führt zu untragbaren Belastungen. Auch wenn Pädagogen und Kulturpolitiker damals glaubten, das Beste zu tun, indem sie – und das bleibt anzuerkennen – mehr Chancengerechtigkeit für alle verwirklichten, stand dieser Versuch doch unter einem inhumanen Vorzeichen: der Produktion des Arbeitspotentials, und geriet zudem in die Irre, weil das Ziel zu einseitig war.

b) In engem Zusammenhang mit dieser Zielsetzung hatte man die Einführung in eine wissenschaftlich vermessene Welt durch die wissenschaftsorientierte Schule gefordert. Das Ergebnis ist die vieldiskutierte „Verkopfungsneurose" (Meves, S. 130), die *einseitig intellektuelle Beanspruchung.* Zunächst artikulierte sich der Protest bei den Kleinsten gegen die Intellektualisierung der Vorschulerziehung durch sinnlos frühes Lesen und Lern„spiele" und gegen die „neue Mathematik" in der Grundschule, für die die Lehrer nicht genügend vorbereitet waren. Dann aber kamen die Pauschalurteile: „Es gilt, eine verfrühte und verfehlte Verwissenschaftlichung ... aus dem Unterricht zu verbannen. In diesem Sinne werden die Lehrpläne durchforstet und weiterentwickelt", versichert Ministerpräsident Filbinger am 26. 1. 78 im Landtag.
Der Fehler, unter dem nun die Kinder litten, lag aber wohl nicht daran, daß in den Schulen wissenschaftsorientiert unterrichtet wurde, sondern daß diese Zielsetzung im Gefolge der funktionalen Orientierung absolute Geltung bekam und in manchen Ländern mit größter Hektik in die Schulen gepreßt wurde.
Diese Verabsolutierung hat wiederum verschiedene Aspekte: Entgegen der Konzeption Wilhelms in seiner „Theorie der Schule" wurde die empirisch-kausalanalytische Wissenschaft immer mehr zum Modell des wissenschaftlichen Denkens überhaupt; hermeneutisch-geisteswissenschaftliches Bemühen um Sinn- und Gestaltdeutung trat zurück. Kritisch-rationale Analyse, Verifikation oder Falsifikation von Hypothesen, statistische und experimentelle Erhebung von Daten über die Wirklichkeit sind nun einmal die wissenschaftlichen Denkformen, die einer technisch und rational gesteuerten Wirtschaft und Gesellschaft unmittelbar zugeordnet sind. Wer unter funktionaler Zielsetzung Menschen für diese Wirklichkeit vorbereiten wollte, handelte konsequent, wenn er wissenschaftsorientierte Ausbildung in dieser Weise akzentuierte.

Diese Denkform setzte sich in allen Fächern – mehr oder minder – durch, nicht nur in den Naturwissenschaften. Im Deutschunterricht suchte man nicht mehr wie vorher Begegnung mit Dichtung, sondern analysierte Textsorten nach soziolinguistischen Kriterien; im Kunstunterricht lernte man kommunikationstheoretische Modelle mit gesellschaftspolitischem Kontext; der Religionsunterricht sollte als wissenschaftlicher Fachunterricht seine Versetzungsrelevanz begründen. Die Zuordnung von fachwissenschaftlicher Disziplin und Fachunterricht an der Schule führte von der Heimat- zur fachlichen Sachkunde. Zwar wurden in der Schulpraxis diese Entwicklungen nicht zu Ende geführt; man versuchte durch fachübergreifende Projekte das Getrennte wieder zusammenzubekommen; emanzipatorische Ziele überlagerten die Wissenschaftsorientierung. Aber die Tendenzen in diese Richtung bestimmten doch immer stärker das Gepräge schulischen Lernens, bis sie massive Proteste auslösten.

c) Das Leiden der Kinder sieht man heute ferner in der *Störung der menschlichen Beziehungen.* Auch diese Störung ist keine spezifisch schulische Erscheinung. Die Abwertung der Familie in der Öffentlichkeit, die vielschichtige Belastung der Mutter-Kind-Bindung unter den Bedingungen des heutigen Lebens, die räumliche Umwelt in Hochhäusern und Satellitenstädten lassen die menschliche Beziehungsfähigkeit verkümmern. Aber die Klage zielt dennoch besonders auf die Schule, die keinen pädagogischen Ausgleich anbietet, sondern die Störungen noch verstärkt.
Die pathogene Wirkung der Schule ist aber nichts Zufälliges; sie findet man begründet durch die einseitigen Zielsetzungen des letzten Jahrzehnts. Im Zuge der Verwissenschaftlichung hatte sich das Fachlehrersystem bis in die Grundschule durchgesetzt. Der Wille, jede Begabung in spezifischer Weise zu fördern, führte zur Einrichtung so vieler Leistungs-, Förder- und Wahlkurse, daß es keine Klassengemeinschaft mehr gab – und keine Lehrer, die für die Schüler ihrer Klasse verantwortlich waren und sich für sie engagieren konnten. Um genügend differenzieren und zugleich allen Kindern wissenschaftlichen Unterricht bieten zu können, schuf man immer größere Schulsysteme, selbst wenn es keine Gesamtschulen waren. Mindestens gewann die Öffentlichkeit diesen Eindruck.
Verstärkt wurde die Erschwerung und Belastung menschlicher Beziehungen in der Schule noch durch emanzipatorische Thesen. Der

Lehrer galt als Repräsentant des Systems, als Machthaber und Handlanger der Herrschenden. „Aufgrund seiner institutionell abgesicherten Machtposition ist der Lehrer in der Lage, als Zentralperson im Kommunikationsnetz eine Einigung der Schüler über seinen Kopf hinweg zu verhindern" (Ulich, S. 101). Wenn Ulich auch nach dieser Analyse eine Lösung durch die „Institutionalisierung von Konflikten" und verbesserte „Metakommunikation" sucht, so kann doch, falls diese Analyse hinreichend ist, keine menschliche Beziehung wachsen. Der Protest gegen die „archaische Autorität" und die „repressiven Defensivmechanismen" (Wellendorf, S. 85) muß die Lehrer-Schüler-Beziehung ganz zerstören, sobald das neue Bewußtsein „von der eigenen Unterprivilegierung und Unterdrückung" sich durchgesetzt hat.

Natürlich gilt auch hier: Durch diese Anklagen wird die Schulwirklichkeit nicht angemessen beschrieben; so war und ist die Schule nicht. Es gibt den relativ angstarm lernenden Schüler, die Schulkameradschaft auch in der Gesamtschule, den Lehrer mit allgemein anerkannter Beziehung zu seinen Schülern. Aber Entwicklungen in diese Richtung und vor allem die Verstärkung des öffentlichen Bewußtseins, daß Schule so sei, lassen sich kaum leugnen. Allein dadurch wurde offenbar schon soviel an Leidensdruck bei den Schülern ausgelöst und an Leidensbewußtsein erzeugt, daß es zu den Symptomen gekommen ist, die Eltern, Psychotherapeuten und zum Teil auch die Lehrer selbst beobachteten.

d) Schließlich leiden Kinder und junge Erwachsene an ihrer *negativen Sicht der Wirklichkeit*. Obwohl es – von außen gesehen – noch keiner Generation so gut ging wie der heutigen Jugend, bekommt sie doch immer nur die negativen Aspekte der Wirklichkeit in den Blick. Man nimmt nicht die materielle Absicherung wahr, sondern protestiert gegen die Tatsache, daß nicht alle – berechtigten und unberechtigten – Wunschvorstellungen erfüllt sind. Man anerkennt nicht die Freiheit, die unsere Demokratie gewährt, sondern blickt starr auf die Privilegien der Herrschenden, die Macht der „Multis" und die bürokratischen Zwänge. Man denkt nicht an die immer weiter gehende Liberalisierung, sondern reibt sich an den noch bestehenden Rollenzwängen und Normen. Man anerkennt nicht die großen Bemühungen um Arbeitsplatzsicherung, sondern protestiert und lebt in Angst, weil im gewünschten Berufsfeld ein Engpaß ist.

Diese einseitige Sicht, die das seelische Leiden auslöst, ist auch – nicht nur – eine Folge davon, daß man mit emanzipatorischer Absicht das Bewußtsein der ewigen Unterdrückung und Unterprivilegierung in Medien und Schule hervorgebracht, daß man mit entlarvender Kritik immer nur auf die dunklen Seiten der Wirklichkeit hingewiesen hat. Dadurch sollte Protest- und Veränderungspotential geweckt werden; als sich die Realität aber vielschichtiger und widerstandsfähiger erwies und die Revolution nicht ausgelöst wurde, mußte dies „neue Bewußtsein" in die resignierende Anklage, in Selbstmitleid oder freudlose Anpassung führen. Das Leiden war programmiert.

Wir leben heute mit den Folgen einer Erziehung, die sich noch an Formulierungen der Hessischen Rahmenrichtlinien von 1972 (S. 13) ablesen läßt. Zwar sind diese Richtlinien nicht verbindlich geworden, aber sie spiegeln die Tendenzen der Zeit. Die Gesellschaftslehre sollte damals ansetzen an „Erfahrungen individueller Ohnmacht gegenüber gesellschaftlichen und politischen Erscheinungen", nicht aber an Erfahrungen verstärkter politischer Macht der Bürger und ihrer Mitbestimmungsmöglichkeiten; sie sollte ansetzen an der „Erfahrung von Angst", nicht aber an der Erfahrung von Geborgenheit und Liebe; sie sollte ansetzen an der „Erfahrung, daß selbst überzeugende Erklärungsmuster an der als negativ empfundenen Realität allein nichts ändern", nicht aber an der Erfahrung von positiv empfundener Realität und von positiv zu wertenden Veränderungen in der jüngsten Geschichte. Mindestens sucht man in den Richtlinien vergebens nach einer Aussage über diese Alternativerfahrungen.

Wenn man die Welt so sieht, muß es zu dem Ergebnis kommen, das von Hentig beschreibt: „Das Auffälligste an den heutigen Kindern ist ihre sit venia verbo ‚Unfähigkeit zu trauen' (nicht trauern) –, ein sie beherrschendes Gefühl, zu kurz zu kommen, übergangen, übersehen, überhört, ungerecht belastet oder beschuldigt zu werden" (S. 97)

In diesem Zusammenhang ist auch das Fragwürdigwerden aller Normen zu sehen, die man fast nur noch als Repressionsinstrumente erkennen konnte. Letztlich mußte eine solche Sichtweise den Eindruck hervorbringen, es sei doch alles sinnlos. Frankl hat zwar in den 50er Jahren schon als Tiefenpsychologe festgestellt, daß den Neurosen unserer Zeit ein „abgründiges Sinnlosigkeitsgefühl"

1976, S. 11) zugrunde liegt; aber in den 70er Jahren erschienen seine Thesen mit laufend neuen Auflagen als Taschenbuch, weil das öffentliche Bewußtsein sich nun in seinen Analysen wiederfand.

Das Leiden am Verlust einer Sinndeutung hat natürlich auch viele andere Gründe. Die allgemeine Säkularisierung hatte religiöse Antworten für viele unglaubwürdig gemacht. Das Aufgehen in Arbeit und Konsum hatte das Fragen nach Sinn verdrängt. Die wissenschaftlich-technische Denkweise mußte methodisch die Frage nach Sinn und Wert ausklammern (vgl. Staudinger/Behler). Alle diese Tendenzen wirkten mit, daß sich viele immer weniger mit einer Antwort auf die Sinnfrage identifizieren konnten.

Aber an dem seelischen Leiden, an den manifesten Neurosen und vielen einfacheren Symptomen, wurde deutlich, daß der Mensch ohne eine Sinnantwort nicht leben kann. Die Kurzschlußhandlungen wie der Eintritt in die Jugendreligionen bestätigen nur die Richtigkeit dieser Analyse. Politischer Extremismus und Rauschgiftsucht können teilweise im gleichen Zusammenhang gesehen werden. Irgendwofür muß man eben doch leben können.

e) Über diese heute so oft genannten Leidenssymptome hinaus wäre noch an manche andere zu erinnern, die möglicherweise auch zu veränderten Zielsetzungen in der Schule führen. Zur Zeit konzentriert sich zum Beispiel die ganze Aufmerksamkeit auf das *Leiden der entwurzelten Ausländerkinder,* die nirgendwo wirklich zu Hause sind. An ihnen nehmen wir wie im erschreckenden Vergrößerungsspiegel wahr, was es für den Menschen bedeutet, keine Heimat zu haben. Das alte Verfassungsziel „Liebe zur Heimat" wird in einer ganz neuen Perspektive wiederentdeckt. Gewiß wird man nicht wieder zu einer romantischen Heimattümelei oder zu einer volkstümlichen Heimatkunde zurückkehren wollen; aber Menschen müssen es offenbar lernen, sich zu „beheimaten", wenn sie nicht Schaden nehmen sollen an ihrer Menschlickeit (vgl. Tournier).

Von solchen und anderen Leidenserfahrungen her scheint das heutige Nachdenken über Erziehungsziele bestimmt zu sein. Man fragt nach der notwendenden Erziehung – und macht es sich damit oft zu einfach, weil man der Erziehung allein zuviel aufbürdet. Aber daß Erziehungsziele gesetzt werden müssen, die Antwort auf diese Not sind, ist zweifellos eine Aufgabe unserer Zeit.

2. Human-umfassende Zielsetzungen

Die vorherrschende Antwort auf das Leiden an den Einseitigkeiten ist der immer wieder erhobene Appell, man müsse durch Erziehung überhaupt und besonders in der Schule den ganzen Menschen fördern. „Eine christlich-personale Pädagogik sucht dem ganzen Menschen gerecht zu werden" (Zöpfl/Bichler, S. 89). Affemann spricht von der „Notwendigkeit ganzheitlicher Erziehung in der Schule" und entfaltet diese These, indem er von rationaler, emotionaler, sozialer, leiblicher und Wert-Erziehung in der Schule spricht. Auch an allen anderen Stellen, wo „der Mensch als Maß der Schule" (Affemann) proklamiert wird, steht dieses Denkmodell im Hintergrund. Westphalen, Abteilungsleiter im Staatsinstitut für Schulpädagogik in München, beruft sich 1975 wieder auf die obersten Bildungsziele, die ein Ausschuß 1948 im Auftrag der Amerikaner formulierte: „Oberstes Bildungsziel ist der wahrhaft menschliche Mensch, d. i. die sittlich freie, selbstverantwortliche, gemeinschaftsgebundene lebenstüchtige Persönlichkeit. Es ist dies der in allen Bereichen seines Personseins entwickelte und ertüchtigte Mensch; die nach der körperlichen, geistigen und seelischen, der verstandes-, gefühls- und willensmäßigen Seite gebildete Persönlichkeit" (S. 59). Er beruft sich wieder auf den Humanismus als „Anwalt des Ganzen"; Humanismus wäre demnach eine „im Kern oppositionelle Geisteshaltung, die den Überspitzungen der Zeit entgegenzuwirken sucht, die den Blick auf das Ganze und die menschliche Person zurückführt" (S. 67). Dabei wird der Blick zurückgelenkt auf die Verfassungsziele (S. 63). Wie politisch wirksam diese Tendenzen sind, zeigt sich in Filbingers schon einmal zitierter Rede von 1978: Die Landesregierung will sich stärker den inneren Problemen der Schule zuwenden. „Wir gehen dabei aus von einem humanen, ganzheitlichen und freiheitlichen Bild des Menschen. Im Mittelpunkt unserer Bemühungen steht immer die konkrete, individuelle Persönlichkeit des Kindes und Jugendlichen, die es zu fördern und zu entwickeln gilt" (S. N 60).

Die Akzente können dabei unterschiedlich gesetzt werden. Die einen zählen ganze Reihen von Qualifikationen und Tugenden auf, die sich auf alle menschlichen Lebensdimensionen beziehen; die anderen sehen mehr die allseitig entfaltete Persönlichkeit; wieder andere sehen das menschliche Sein dynamischer und betonen den

Lebensvollzug in seiner Vieldimensionalität: „Lernziel Leben" nennt Affemann sein Buch, und von Hentig stellt fest, daß in den letzten Jahren ein „Notstand (eingetreten ist), der mir jedes Zaudern verbietet: die Lebensprobleme der heute heranwachsenden Kinder sind so viel größer als ihre Lernprobleme ..., daß die Schule, wenn sie überhaupt belehren will, es erst mit den Lebensproblemen aufnehmen muß: sie muß zu ihrem Teil Leben ermöglichen" (S. 96 f.).

Diese human-umfassende Zielsetzung als Antwort auf die einseitigen Überspitzungen ist wohl nur wiederzugewinnen, indem man gerade die Seiten besonders betont, die mehr oder minder aus dem Blick geraten waren. „Jeder Schüler soll sein Wissen erweitern und seinen Verstand entwickeln; er soll körperliche und handwerklich-technische Fähigkeiten sowie künstlerische Begabungen entfalten und mitmenschliches (soziales) Verhalten ausbilden" (Kommission Anwalt des Kindes, S. 18). Die weiteren Ausführungen warnen davor, zu einseitig den Erwerb von Wissen und die Fähigkeiten des Verstandes zu fördern und zu bewerten, und legen den Akzent auf Leibeserziehung und Bildung der handwerklichen und künstlerischen Fähigkeiten, auf Einfühlungsvermögen und mitmenschliches Zusammenwirken.

Schon früh begann man zwar, die kognitiven Lernziele durch affektive zu ergänzen. Aber zunächst schien das nicht mehr als eine Addition zu sein, und erst spät kam Flitners klärende Aussage: „Das Curriculum der Liebesfähigkeit, der Solidarität, der Phantasie, des Spiels, der Ich-Stärke sind Absurditäten" (1978, S. 190). Insgesamt gesehen aber sind die Vorschläge und Appelle für eine emotionale (affektive) Erziehung der Kinder, für eine Entfaltung von Sensibilität, Gefühl, Gemüt oder wie immer man diese Dimension menschlichen Lebens zu benennen sucht, immer zahlreicher und intensiver geworden und haben sich auch aus der Zwangsjacke operationalisierter Lernziele befreit. Wieweit die Forderungen im einzelnen realisiert werden oder überhaupt realisierbar sind, ist natürlich noch eine weitere Frage.

Ebenso stark wird heute wieder allenthalben die Fähigkeit betont, mitmenschliche Beziehungen aufzunehmen. Man sieht die Beziehungsfähigkeit als Voraussetzung für alles Erkennen, Lernen und Leben und als Ziel des erzieherischen Bemühens um das Kind (vgl. Hanisch; Voß; Wandel). Man fordert wieder den Klassenlehrer in der Grundschule; man entdeckt wieder, was etwa in Landerziehungsheimen oder Waldorfschulen das Prinzip der Schule weit über die Grundstufe hinaus geblieben war.

In diesem Zusammenhang muß man auch einen großen Teil der Diskussion über das „soziale Lernen" deuten. Hier ist es allerdings wie beim emotionalen Lernen. Wo das soziale Lernen unter einseitigen Modellen der Emanzipation oder der totalen Operationalisierung gesehen wird, bringt es keine Hilfe, sondern führt zu Einseitigkeiten, zu Absurditäten und zur totalen Manipulation der Menschen. „Bei Zielen für das soziale Lernen erscheint diese Operationalisierung besonders wichtig" (Becker, S. 133); es folgt dann allerdings das Eingeständnis, daß es „die Phantasie eines einzelnen überfordert, diese Operationalisierung theoretisch lückenlos vorwegzunehmen" (S. 134). Neben solchen Fehlversuchen kann man unter dem Begriff „soziales Lernen" aber auch viele Zielvorstellungen finden, die vielleicht auf einem höheren Abstraktionsniveau und zurückhaltender formuliert sind, aber doch konkret genug sind, um den Erziehungsbemühungen eine Richtung zu geben. „Wohl wissend, daß es Hunderte von Werten gibt, ist es nach unserer Meinung unumgänglich, solche Werte ins Zentrum des Schullebens zu stellen wie Kooperationsfähigkeit und Toleranz, Achtung vor der Freiheit und Unverletzbarkeit des Nächsten, Veranwortung gegenüber sich selbst, seinen Mitmenschen und seiner Umwelt", meint Ebert, der Präsident des Verbandes Bildung und Erziehung (S. 100). Im Zusammenhang mit interaktionistischen Theorien fordert man die Fähigkeit, seine Identität dem anderen darzustellen, und Einfühlungsvermögen (Empathiefähigkeit). Mitleid, Hilfsbereitschaft, Takt, Zuverlässigkeit, Freundlichkeit können in Katalogen von Lernzielen für den Umgang des einzelnen mit den anderen wieder genannt werden (Becker, S. 136). Teutsch nennt darüber hinaus: Fairneß, Gemeinsinn, Bereitschaft zu staatsbürgerlicher Verantwortung (1977, S. 6). Vor zehn Jahren wären solche Tugendkataloge kaum auf ein breites Verständnis gestoßen, heute werden gerade sie begierig aufgenommen, auch wenn man oft noch nicht weiß, wie man diese Ziele in der Schule erreichen soll. Jedenfalls ist es deutlich spürbar, wie unter dem Gesichtspunkt der Sozialbeziehung der Blick sich dafür öffnet, daß menschliches Leben immer mehrdimensional sein muß, zugleich kognitiv, emotional und ethisch orientiert (vgl. Günzler/Teutsch).

Die ethische Dimension der Erziehung zieht dabei wohl die stärkste Aufmerksamkeit auf sich. Überall ist von Werterziehung, von moralischer Erziehung, von Bildung des moralischen Urteils, von ethisch orientierter Erziehung die Rede. Die Bedeutung dieser Wendung in der Pädagogik erfaßt man nur, wenn man sie auf dem Hintergrund der Entlarvung aller Normen als irrationaler Repressionsmechanismen sieht: Die herrschende Moral ist die Moral der Herrschenden, dient der Erzeugung autoritärer Charaktere und der Festigung der Macht der herrschenden Klasse. Vor wenigen Jahren schien diese Sichtweise sich immer mehr durchzusetzen. Heute sind Seminare über Gewissensbildung in den Hochschulen wieder gut besucht, und es sind keineswegs nur alte reaktionäre Pädagogen von gestern, die nach den Normen fragen, die man den Kindern vermitteln müsse. Es beteiligen sich Erziehungswissenschaftler und Pädagogen verschiedenster Herkunft an diesem Gespräch.
Beim Kongreß der Deutschen Gesellschaft für Erziehungswissenschaft legten Mollenhauer/Rittelmeyer „Einige Gründe für die Wiederaufnahme ethischer Argumentation in der Pädagogik" vor und fragten nach der Möglichkeit einer für alle akzeptablen Argumentationsweise (S. 82). Rülcker/Rülcker suchen eine laizistische, demokratisch-humane Ethik zu entwickeln, die in der Schule für alle Schüler verbindlich sein kann; sie sehen in der Anerkennung familiärer Sitten, in Ordnung, Leistungsbereitschaft, Anstand, Kultiviertheit, Anerkennung der Verbindlichkeit staatlicher Gesetze Ziele schulischer Erziehung (S. 114 ff.). Der Politologe argumentiert von den Grundwerten her: „Sollen diese Grundwerte gelten und wirksam sein, so bedarf es der Pflege und Übung ihnen zugeordneter Tugenden: des Freimuts, der Zivilcourage, der Rücksicht, der Toleranz, des Gerechtigkeitssinns, des Maßhaltens, der Kompromißbereitschaft, der Disziplin, der Ordnungsliebe, der Fairneß, der Dialogfähigkeit, der Einsatz- und Hilfsbereitschaft, der Fähigkeit zu konstruktiver Kritik usw." (Schwan, S. 134). Formale Tugenden, klassische Kardinaltugenden, Ziele personaler Pädagogik und Anregungen aus der jüngsten Diskussion und Erfahrung spiegeln sich in einer solchen Aufzählung. Teutsch sucht mit seiner Arbeitsgruppe das Richtziel „sozialverantwortliche Einstellung" zu entfalten und fragt im einzelnen, wie die Teilziele in der Schule erreichbar sind (1978). Seit einigen Jahren mehren sich die Versuche, die Erkenntnisse Kohlbergs über das moralische Urteil und die moralische Er-

ziehung mit kritischen Korrekturen zu übernehmen bzw. auszuwerten (vgl. Mauermann/Weber; Breslauer; Hammer, S. 73). Selbst die alte Tugendlehre und Bollnows Theorie der einfachen Sittlichkeit werden wieder diskussionswert (z. B. Weber, 1978, S. 42). Kulturpolitische Stellungnahmen zeigen die gleichen Tendenzen (z. B. Staatsinstitut für Schulpädagogik, S. 9; Filbinger, S. N60).
Wenn man diese Diskussion über die „Werterziehung" oder enger: über die ethische Erziehung näher analysiert, stellt man fest, daß entweder von Werten überhaupt oder von moralischen Urteilen im allgemeinen die Rede ist, oder daß ganze Systeme von Einstellungen und Tugenden entwickelt bzw. Reihen notwendig erscheinender Haltungen aufgezählt werden. Das ist auch der Grund dafür, diese Äußerungen über Erziehungsziele in diesem Abschnitt über „human-umfassende Zielsetzungen" zu nennen.
In dieser Form über die ethische Orientierung der Erziehung zu sprechen, ist notwendig. Gerade in der Emanzipationsdiskussion hat sich gezeigt, wie gefährlich es ist, von *einer* Leitidee aus alle Ziele begründen oder messen zu wollen. Eine solche Konzeption muß ideologieanfällig werden. Daher muß man sich wieder an einer umfassenden Wertordnung orientieren. Aber man muß zugleich sehen, daß solche systematischen oder unsystematischen „Sowohl-Als-auch-Konzeptionen" in der erzieherischen Praxis schwer umsetzbar sind; sie sind weniger geeignet, den Erzieher so zu überzeugen, daß sein Verhalten davon ganz geprägt wird. Offen bleibt m. E. daher noch die Frage, worin die eigentlich spezifische Antwort unserer Zeit liegt. Eine solche Zielsetzung müßte rückgebunden bleiben an dieses Gesamt an Wertorientierungen, um nicht in ideologische Einseitigkeit zu geraten; sie müßte diesem Gesamt aber ein spezifisches Profil geben.
Es ist allerdings gerade heute verständlich, wenn man sich mehr an das moralische Urteilen im allgemeinen und die umfassenden Wertkataloge hält. Dafür ist in einer Welt pluraler Überzeugungen am ehesten Zustimmung zu gewinnen. Wenn man sich zu einer profilgebenden Zielsetzung bekennt, ist sie unausweichlich individueller gefärbt. Sie wird nur soweit Zustimmung bekommen, wie sie für den anderen individuellen Partner überzeugend ist. Andererseits haben auch früher solche profilgebenden Zielsetzungen Zustimmung erreicht, wenn sie wirklich Antwort auf die Not der Zeit zu sein schienen. Dadurch werden die Eigenarten der weltanschau-

lichen, politischen und religiösen Grundüberzeugungen nicht nivelliert oder aufgehoben; vielmehr kann man von verschiedenen Positionen aus auf seine Weise solche gemeinsamen Ziele anstreben. Jedenfalls soll hier noch der Versuch gemacht werden, eine solche human-profilierende Zielsetzung für unsere Zeit als Antwort auf die erlebte Not zu skizzieren.

3. Human-profilierende Zielsetzung

Meiner Überzeugung nach sind die Nöte der Menschen in unserer Zeit von einem Kernpunkt aus zu verstehen: die Beziehung der Menschen zum Wirklichen ist immer schwächer geworden oder schon verloren gegangen. Ich spreche bewußt nicht von „der Wirklichkeit", sondern „dem Wirklichen"; gemeint sind die Dinge, Pflanzen und Tiere, Landschaft und Umwelt, die Menschen in der Nähe und Ferne, aber auch die menschlichen Schöpfungen und Institutionen: die Kunstwerke in Sprache, Farbe, Holz und Stein; Familie, Recht und Staat.
Natürlich gehen wir nach wie vor mit all diesem Wirklichen um; aber in erster Linie verfügen wir darüber, um unsere individuellen oder kollektiven Bedürfnisse – oder das, was wir für ein Bedürfnis halten – zu erfüllen; wir vermessen sie wissenschaftlich nach unseren Methoden und Konzepten und machen sie so verfügbar; wir kritisieren sie in emanzipatorischer Absicht und entlarven sie als Instrumente der Repression unserer Freiheit – oder dessen, was wir für Freiheit halten; wir klagen sie an, weil sie nicht unsere Bedürfnisse und Wünsche erfüllen. Aber gerade das ist nicht gemeint, wenn ich von der „Beziehung" des Menschen zum Wirklichen spreche.
Gemeint ist vielmehr ein Sich-Beziehen auf das Wirkliche, das zunächst wahrgenommen und anerkannt wird in seinem eigenen Sein. Die grundlegende Einstellung, die ein solches Sich-Beziehen erst ermöglicht, ist die Bereitschaft, zu dem Wirklichen Ja zu sagen, es in seiner Eigenart erfassen zu wollen mit dem Vor-Urteil, daß es in sich selbst Zustimmung verdient und deswegen auch für mich von Bedeutung ist. „Habe den Mut, auch einmal etwas gut zu finden", formuliert Tröger Kants These „Habe den Mut, dich deines Verstandes ohne Anleitung anderer zu bedienen" für den heutigen

Menschen um (S. 108); der lateinische Ursatz „Sapere aude" gibt Anlaß für beide Übersetzungen, da „sapere" verständig sein, weise sein bedeutet, vom Ursprung her aber heißt, etwas schmecken, durch den Geschmack in seiner Eigenart wahrnehmen.

Ich möchte über Trögers Appell noch einen Schritt hinausgehen: „Habe den Mut, am Wirklichen etwas gut zu finden". Über die unverzichtbare Einschränkung dieses Satzes ist noch zu sprechen; aber die grundlegende Einstellung, aus der man das Wirkliche überhaupt erst wahrnehmen kann, scheint mir eben doch diese vorgängige Zustimmung zu sein. Auch das ist natürlich keine neue Entdeckung. Tröger bezieht sich an dieser Stelle auf Josef Pieper, dessen Buch „Zustimmung zur Welt" das Gemeinte bereits im Titel zum Ausdruck bringt. Wie Pieper in seinem Buch „Die Wirklichkeit und das Gute" entwickelt hat, greift er dabei auf Gedanken der abendländischen philosophischen und christlich-theologischen Tradition zurück. Schon in seinem Buch über die Muße hatte Pieper von der Offenheit gesprochen, mit der die Menschen sich dem Wirklichen zuwenden müßten, um es überhaupt wahrnehmen zu können.

In meinem Buch „Erziehungsziele – neu befragt" habe ich diesen Gedanken zu entfalten versucht (S. 154 ff.). Er läßt sich heute vielleicht am besten an der Umweltdiskussion verdeutlichen. Der Mensch hat nach seinen „Bedürfnissen" und „Interessen" restlos über die Umwelt verfügt; die wissenschaftliche Forschung steigerte die Verfügungsmacht ins Unermeßliche. Aber dieses Handeln führte in die Nähe einer lebensbedrohenden Umweltkatastrophe, die abzuwenden wir heute alle Mühe haben. Heute schützen wir die Umwelt, aber wiederum aufgrund unserer Bedürfnisse: um überleben zu können. Doch dabei wird einigen auch das Auge dafür geöffnet, daß die Umwelt in sich schützens- und förderungswert ist. Eine solche Einstellung kann natürlich auch ins Extrem umschlagen, wenn der Schutz absolut gesetzt wird. Der Mensch muß über die Dinge, Pflanzen und Tiere verfügen, um selbst seinem Entwicklungsstand gemäß leben zu können. Die Zustimmung zum Menschen, auch zu den Milliarden Menschen, die heute dank der Technik und Medizin leben, kann ja nicht durch den Umweltschutz verdrängt werden; diesen Menschen sollen Leben, Freiheit, Lebenschancen (vgl. Dahrendorf) und menschliche Entfaltung garantiert werden. Aber wer zum Eigensein alles Wirklichen einmal Ja gesagt hat, muß die *Verfügung* über das Wirkliche um des Menschen

willen *rechtfertigen;* die vorgängige Aufgabe wäre dagegen Schutz und *Förderung.* Daß dabei nicht an abgeschlossene Reservate gedacht ist, die nur für Notfälle sinnvoll sind, sondern an die Lebenseinheit von Mensch und Natur, braucht wohl kaum begründet zu werden.
Das vorgängige Ja zum Wirklichen ist Motiv dafür, Beziehung aufzunehmen, es sich erkennend zu erschließen, seinen besonderen Werten nachzuspüren, bei der Sache und beim anderen Menschen zu sein, Freude am anderen zu haben und in dieser Freude wirklich feiern zu können, Glück zu empfinden, sich be-glückt zu fühlen, weil man beschenkt, bereichert ist, in seinem eigenen Menschsein gewonnen hat, indem man bei dem anderen und für ihn (für es) dasein kann. Die Einheit aller Dimensionen menschlichen Seins, von Erkennen, Fühlen, Wollen und Handeln, führt erst zu erfüllter Beziehung.
Damit ist nichts Außergewöhnliches und Besonderes gemeint, sondern eine Erfahrung im alltäglichen Leben. So kann man mit wachen Sinnen den Park oder die Landschaft wahrnehmen, in der man spazierengeht; so kann man sich am Spiel der eigenen oder fremden Kinder freuen; so kann man dem je eigenen Reiz der Heimatstadt nachspüren, auch wenn sie auf den ersten Blick eher abschreckt. Man pflegt seinen Garten, man lebt mit seinen Kindern und sucht sie zu erziehen, man hilft beruflich oder außerberuflich anderen Menschen, damit auch ihr Leben noch ein wenig lebenswerter wird, und freut sich mit ihnen an jedem Schritt auf diesem Wege.
Hier können die Gedanken aus meinem Buch nicht alle wiederholt werden. Aber ein Einwand muß noch ausgeräumt werden. Es könnte der Eindruck entstehen, als werde hier nicht so sehr eine Antwort auf eine allgemeine Not der Zeit versucht, sondern die subjektive Zielsetzung einiger Pädagogen hochstilisiert und überschätzt. Daß dieser Eindruck nicht stimmt, hat sich aber unübersehbar gezeigt. Am 8. 10. 1977 hielt der damalige Bundespräsident Scheel seine pädagogisch wohl bedeutsamste Rede in Tübingen, die ich in meinem Buch nicht mehr berücksichtigen konnte. Bei dem Versuch, die Bedeutung der Grundwerte zu erläutern, geht er aus von der Erfahrung, daß Menschen die Landschaft verschmutzen, ihren Hund aussetzen, wenn er auf der Reise stört, oder die Alten ins Krankenhaus abschieben, um selbst ungestört ein Fest zu feiern. „Hier sind Bezü-

ge der Menschen verlorengegangen. Die ja nicht wenigen Menschen, die so handeln, haben keinen rechten Bezug mehr zu ihren Eltern, zu einem Hund oder zu einer Landschaft. Ich verstehe unter Bezug ein Verhältnis der Sympathie, die bewirkt, daß man sich um den Gegenstand, den man gern mag, sorgt, an ihm hängt, ihn verteidigt und pflegt, daß man sich freut, wenn man ihn sieht. Solche Bezüge kann man haben zu allem möglichen, zu seinen Eltern und Geschwistern, zu dem Haus, in dem man groß wird, der Straße, der Stadt, zum Lehrer, zu Freunden, zur eigenen Klasse, zum Schulgebäude, zu Büchern und Bildern, zur Kunst, zum Beruf, ja auch zu so scheinbar abstrakten Dingen wie der Gemeinschaft, dem Gemeinwohl, dem Staat, der Freiheit" (S. 16).

In Scheels Rede wird deutlich, daß er sich auf die abendländische Tradition beruft: „Der Aufbau eines Bezuges ist eine Erfahrung, an der nicht nur der Verstand sondern alle Fähigkeiten des Menschen beteiligt sind. Er setzt eine Begegnung voraus, die nur in einem Raum der Stille stattfindet ... Ich habe mir sagen lassen, daß ‚Scholae' ursprünglich ‚Muße' bedeutete" (S. 17). Aber in dieser zentralen Rede geht es ihm nicht darum, Traditionen zu wahren, sondern Antworten auf die Not des beziehungslosen Menschen unserer Zeit zu finden.

Doch das bisher Gesagte reicht noch nicht aus. Der nächste Gedankenschritt läßt sich wiederum mit den Gedanken Scheels formulieren. Er fordert vom Bürger einer Demokratie nicht Liebe zum Staat, nicht einmal Sympathie schlechthin, sondern „kritische Sympathie" (S. 14). Auch hier bleibt „Sympathie" das Hauptwort, aber das Beiwort „kritisch" gibt einen wesentlichen zusätzlichen Hinweis. Gemeint ist nicht die „Kritik ohne Maß", „eine Kritik ohne Selbstkritik", „eine Kritik, die sich des johlenden Beifalls der Menge schon im voraus gewiß ist" (S. 13). Eine ‚kritische Mode' hält Scheel für „etwas Lächerliches". „So ist es seit einigen Jahren Mode, bei einigen Schriftstellern, Journalisten und bestimmten Universitätskreisen, wozu ich Studenten und Professoren zähle, kein gutes Haar an diesem Staat zu lassen" (S. 13). Kritik muß zu einer „abgewogenen Bewertung" (S. 6) führen und auch von den „erkennbaren Vorzügen" sprechen (S. 13). Kritisch sein heißt „unterscheiden können" zwischen Gut und Schlecht oder Böse, zwischen Schön und Häßlich, und das Gute gut wie das Schlechte schlecht nennen.

Kennzeichnend für alles Wirkliche ist, daß es nicht ideal, nicht voll-

kommen ist. Das gilt nicht nur im absoluten Sinne: Menschen sind keine Götter, sondern auch im relativen: Dinge, Menschen und Institutionen sind nicht so vollkommen, so gut, wie sie sein könnten. Wer in dem angedeuteten Sinne einen Sympathie-Bezug zum Wirklichen hat, wer es wahrnimmt, wie es ist, wird gerade auch diese Unvollkommenheit wahrnehmen. Da der Bezug vieldimensional ist, wird er zugleich mitleiden, weil das Wirkliche seine eigene Vollkommenheit noch nicht erreicht hat, und wird sich bemühen, ihm auf dem Wege dahin zu helfen, soweit es in seiner Macht steht.
Dieser Gedanke bedarf noch einer gewissen Entfaltung. Wenn man sich der Blume im Garten zuwendet, sieht man sie nicht nur blühen, sondern sieht, daß sie in diesem Jahr recht kümmerlich ist; vielleicht braucht sie Wasser oder Dünger. Wenn man sich dem Kinde zuwendet, nimmt man auch wahr, was es – noch – nicht ist, obwohl es schon so sein könnte und sollte, um eine erfüllte Kindheit zu verleben und sich für das Kommende zu rüsten. Wenn man den Menschen in den Elendsquartieren südamerikanischer oder asiatischer Großstädte wahrnimmt, kann man erstaunen, wieviel Menschlichkeit auch unter diesen Bedingungen noch möglich ist, aber man kann und darf nicht übersehen, wie durch menschliches und staatliches Versagen das menschenwürdige Leben beeinträchtigt ist. Wer in einem Staat wie dem unseren lebt, sollte anerkennen, was er für die Menschen leistet, ohne seine Fehler, Mängel und Unvollkommenheiten zu übersehen.
Es kommt aber darauf an, daß man der Ist-Gestalt des Wirklichen (Kerstiens, 1978, S. 164 ff.) nicht eine Idealgestalt entgegensetzt. Vor ihr kann das Wirkliche nur in seiner absoluten Dunkelheit erscheinen und einer Totalkritik verfallen. Um den idealen Menschen zu produzieren, ,,wird dann der Staatsapparat in Bewegung gesetzt. Und da ist es im Ergebnis gleichgültig, ob ich den germanischen Edelmenschen oder den edlen sozialistischen Menschen produzieren will. Biologie, Indoktrination, Gewalt, alles zum Heil der Menschen, ein Heil, das sich ein paar Ideologen ausgedacht haben" (Scheel, S. 7). Die Verführung zu einer solchen Staatskritik, aber auch Schul- und Familienkritik scheint groß zu sein.
Die Erkenntnis von Mängeln, von Unvollkommenheiten wird dagegen fruchtbar, wenn der menschliche Blick nicht nur auf die Gestalt des Wirklichen, wie es gerade ist und deskriptiv erfaßt werden kann, gerichtet ist, sondern in und an ihm wahrnimmt, wie es sein

könnte und sollte. Der Mensch entwickelt aufgrund seiner früheren Erfahrungen mit den Blumen, den Kindern, den Menschen und dem Staat und aufgrund seiner entwerfenden, schöpferischen Phantasie eine Vorstellung, wie Blume, Kind, Mensch, Staat sein sollten – nicht nach seinem, des Erkennenden Willen, sondern ihrem je eigenen Sein entsprechend. Es kommt darauf an, daß der Erkennende seine begrenzte und mangelhafte Vorstellung von der „Soll-Gestalt" des Wirklichen immer wieder vom Wirklichen selbst korrigieren läßt, wie der Erzieher erst im Laufe der Jahre immer klarer erkennt, was aus dem jungen Menschen werden kann und soll, und der Politiker, wie das staatliche Leben geordnet werden muß. Die *Möglichkeiten* im Wirklichen sind vielleicht das eigentlich Gute; von diesen Möglichkeiten her muß die Vorstellung von dem, was sein soll, immer wieder korrigiert werden (Kerstiens, 1978, S. 168 ff.).
Man kann diesen Gedanken vielleicht zusammenfassen und abschließen mit Trögers Formulierung: „Zustimmung zur Welt heißt nicht Ja zur Welt, wie sie ist, sondern zur Welt, wie sie sein soll und sein kann; ein Ja also zur Erhaltung und Veränderung, mit der – freilich unbeweisbaren – Hoffnung auf nicht nur (partielle) Verbesserung, sondern auf Vollendung der Welt" (S. 147), wobei diese Vollendung allerdings wohl nur religiös erhofft, aber nicht von den Menschen erreicht werden kann.
Diese Spannung zwischen wahrgenommener Ist-Gestalt und vorgestellter Soll-Gestalt ist Grundlage jeder abgewogenen Kritik: man nimmt wahr und anerkennt, was ist, man sieht das Gute in den gegebenen Möglichkeiten, aber man kann auch verweisen auf das Negative, auf alle die Symptome, die der Soll-Gestalt nicht entsprechen, auf das Noch-Nicht (Bloch), auf das Gefährdete. Verschiedene Autoren fordern daher in den letzten Jahren eine Erziehung zum „kritischen Ja" (vgl. Brunnhuber/Zöpfl; Günther/Willeke/Willeke). Das Ja der Sympathie soll nicht blind machen für das Negative und noch Unerreichte, aber es soll davon auch nicht verdrängt werden. Bei diesem kritischen Wahrnehmen und dem Mitleid bleibt es aber nicht, wenn man sich mit dem Wirklichen in Sympathie verbunden weiß. Man hängt an dem, zu dem man Beziehung gewonnen hat, sorgt sich darum, verteidigt und pflegt es, wie Scheel gesagt hat (S. 16). Mit anderen Worten: Der Mensch wird selbst in Anspruch genommen. Wenn es ihm um das andere oder den anderen geht, wenn er zugleich sieht, daß dieser (dieses) seine Möglichkeiten

nicht hat realisieren können, dann ist er nicht von außen, sondern durch seine eigene Erkenntnis aufgerufen, mitzuwirken, daß die möglichst vollkommene, erreichbare Verwirklichung der Soll-Gestalt dem Seienden vermittelt wird. Jeder muß sich, seinen Kräften entsprechend, daran beteiligen, daß das Gute geschützt und das Mangelhafte verbessert wird. Die Bereitschaft, sich so in Anspruch nehmen zu lassen, ist zentrales Erziehungsziel; das engagierte Handeln in Freiheit ist die Folge einer solchen menschlichen Einstellung. Das gilt in ähnlicher Weise für den Gärtner und Umweltschützer, für den Erzieher des Kindes, für die Eltern in der Gestaltung des Familienlebens oder für den Politiker, den Entwicklungshelfer und den Werktätigen in vielen Berufen, ganz allgemein auch für den Mit-Menschen (vgl. Kerstiens, 1978, S. 164-176).

4. Die Offenheit für die Sinnsuche

Bei der Darstellung der heutigen Noterfahrungen wurde davon gesprochen, daß für viele Menschen die Not gipfelt in dem Fehlen eines erkennbaren oder doch glaubhaften Sinnes. Dieser Mangel mag zunächst nicht bewußt sein, da man ganz in der Bewältigung von Alltagssituationen, im Ableisten der geforderten Arbeit, auch in Konsum und Freizeitbeschäftigungen befangen ist, so daß die Sinnfrage sich gar nicht stellt. Der „eindimensionale Mensch" schaut über diesen Lebensablauf nicht mehr hinaus. Aber auch er kann durchaus untergründig empfinden, daß sein Leben trotz des erreichten Lebensstandards und mancher genossenen Lust im letzten nicht erfüllt ist; er mag sich damit abfinden, aber das befriedigt ihn nicht. Sein Streben nach Sinn äußert sich dann vielleicht nur noch im Streben nach immer mehr Lust, Erfolg, Macht. Aber gerade das ist ein Zeichen, daß sein Leben unerfüllt geblieben ist.
Ebenso aber können wir Menschen beobachten, die sehr bewußt und leidvoll erleben, daß sie keine Antwort auf die Frage nach dem Sinn ihres Daseins geben können. Auch wenn sie scheinbar alles haben, reicht das nicht hin, um in erfüllter Weise Mensch sein zu können. Es bleibt die Frage: Wozu das alles? Die Erfahrung des Sinnverlustes kann soweit belasten, daß Menschen ihr Leben beenden, die von außen gesehen in strahlendem Glück lebten (vgl. Frankl).

Heute spricht man nun überall von Sinnverlust, von Sinnfragen, von Sinnerfahrung. Vorträge werden besucht, Bücher gekauft, wenn im Titel etwas mehr Klarheit übr den Sinn verheißen wird. Aber was suchen die Menschen eigentlich, wenn sie nach „Sinn" suchen? Trotz aller Versuche gelingt es kaum, zu sagen, was „Sinn" ist. Ohne hier eine neue Definition anbieten zu wollen, kann man vielleicht folgendes sagen: Der Mensch erfährt etwas als sinnvoll, wenn es in einem größeren Zusammenhang seine eigene volle Wirklichkeit erreicht oder ihr mindestens näherkommt. Das kann man schon von dem *Wort* sagen, das im Zusammenhang des Satzes seine volle Wirklichkeit als Ausdruck einer vom Sprechenden gemeinten Bedeutung und als Träger der Kommunikation erreicht. Das kann man auch von der *Handlung* sagen, die dann sinnvoll ist, wenn sich in ihr die Beziehung zwischen dem Menschen und dem anderen realisiert, selbst dann, wenn das Ziel der Handlung nicht erreicht wird. Auch wenn die Blume, die man pflegt, doch eingeht, oder wenn das Kind, dem man sich liebevoll erziehend zuwendet, ungewünschte Wege geht, ist das Pflegen und Erziehen sinnvolles Handeln. Das *Leben des Menschen* ist dann sinnvoll, wenn der Mensch im umfassenden Zusammenhang des Lebens mit den anderen Menschen, ja mit allem Wirklichen sich einbringen und verwirklichen kann. Wer so in seinem Lebenskreis mit und für die anderen lebt, wer in der Liebe zu voller Verwirklichung der Beziehung kommt, mag an vielem leiden und mitleiden, aber er wird nicht über Sinnverlust klagen.

Sogar das Leiden kann als sinnvoll erlebt und ertragen werden, wenn es in einem solchen Zusammenhang gesehen wird. Menschen haben es als Sühne angenommen, auch als stellvertretende Sühne für eine allgemeine Schuld; sie haben es als Mahnung erlebt, daß Lust und Genuß nicht alles sind; sie haben es als Nachfolge des Herrn gedeutet. Das Leiden blieb, aber es wurde als sinnvoll erfahren, weil die *Annahme* des Leidens in diesen Zusammenhängen ein menschlicher Akt ist, in dem sich Menschlichkeit verwirklichen kann.

Im letzten und allumfassenden „Sinn" kann der Mensch den Sinn seines Lebens natürlich nur erfassen, indem er sich im Zusammenhang mit dem Absoluten und Allumfassenden sieht. Das ist für ihn nicht mehr erkennbar, aber im Glauben hat er sich ihm immer zugewandt. Der Christ erfährt sich so in der Beziehung zu Gott, der sich in Jesus offenbart hat. In anderen Religionen und Weltanschauungen deuten die Menschen ihren Bezug auf das Absolute jeweils auf ihre Weise. Aber die Öffnung auf das Absolute hin und die Bereitschaft, glaubend anzunehmen, was über es oder Ihn bezeugt wird, ist wohl die Voraussetzung dafür, daß der Mensch sein Leben auch im letzten als sinnerfüllt auffassen kann.

Wenn uns die Not des Sinnverlustes darauf aufmerksam gemacht hat, wie sehr Sinnerfahrung zum erfüllten menschlichen Sein gehört, so müssen wir fragen, was man erziehend tun kann, um den Menschen Sinnerfahrung zu ermöglichen.

Nach dem Gesagten müssen dem Menschen zunächst Möglichkeiten gegeben werden, sein Leben als sinnvoll zu erfahren. Das beginnt mit der Weckung des Urvertrauens in der Mutter-Kind-Beziehung und setzt sich fort, wo immer menschliche Zuwendung erfolgt und der andere als er selbst mit seinen Möglichkeiten und Fähigkeiten in den gemeinsamen Lebenszusammenhang einbezogen wird: im gemeinsamen Spielen, Arbeiten, Feiern und Freuen. Nur so kann die Fähigkeit geweckt werden, Sinn zu erfahren, und das „Bedürfnis", sein Leben sinnvoll zu gestalten.

Alles, was an anderer Stelle über die Zustimmung zur Wirklichkeit, über die kritische Sympathie, über die Bereitschaft, sich in Anspruch nehmen zu lassen und engagiert zu handeln, gesagt wurde, ist auch in diesem Zusammenhang zu sehen. Wer so gestaltend und mitarbeitend, erzieherisch, pflegerisch, politisch wirkt, in der Freiheit des selbst erkannten Anspruchs, der erfährt dieses Tun unmittelbar als sinnvoll, auch wenn, wie gesagt, nicht alle Ziele erreicht werden.

Schließlich kann man erzieherisch wenigstens die Bereitschaft wecken, glaubend anzunehmen, was über das Absolute und den einen Gott bezeugt wird. Der Glaube selbst ist, wie anfangs schon erörtert, nicht das Werk der Erziehung; aber die menschliche Bereitschaft, sich dem Zeugnis zu öffnen, kann auch Erziehungsziel sein. Es ist auch möglich, zu zeigen, wie aus letzten Sinnantworten, die uns bezeugt werden, auch das tägliche Leben einen tieferen Sinn erhalten kann. Aus christlichem Glauben etwa erscheint die „Zustimmung zur Wirklichkeit" begründet im Ja Gottes zu seiner Welt, das er im zeitlosen Schöpfungsakt spricht. Es ist ein Ja auch zu der unvollkommenen, schuldverhafteten, sündigen Welt, die der vollendeten Erlösung noch entgegenhofft. Die Beziehung zu den Dingen hat ihren christlichen Sinn in der Anerkennung ihres Eigenwertes, den sie aus Gott haben; die Beziehung zu den Menschen ist in der vertieften Deutung zugleich die Beziehung zu Christus, der den Menschen im Nächsten begegnet. Die Hilfe für den anderen erhält ihre Deutung im Samaritergleichnis; wo der Mensch sich „in *Anspruch* genommen" fühlt, um beizutragen, daß das Gute gesichert und das Bessere verwirklicht wird, sagt der christliche Glaube, wer letztlich der *Sprechende* ist.

Andere Religionen mögen andere Antworten geben; die christliche Theologie lehrt selbst, daß auch in diesen Antworten Wahrheit zum Ausdruck kommen kann. Der Erzieher jedenfalls, der sein menschliches Werk verrichtet, wird bemüht sein müssen, die Offenheit für die Sinnsuche und die Bereitschaft, über das Begreifbare hinaus zu glauben, dem Menschen zu vermitteln. Nur so kann er beitragen, daß die Menschen nicht am Leid des Sinnverlustes zugrundegehen.

IV. Kapitel
Erziehungsziele und Schulpraxis

Erziehungsziele zu setzen ist ein relativ einfaches Unterfangen. Wo auch immer im menschlichen und gesellschaftlichen Leben ein Defizit spürbar wird, verlangt man, künftig die jungen Menschen so zu erziehen, daß dieses Defizit ausgeglichen oder vermieden wird. Meist werden die Forderungen zugleich der Schule und den anderen Erziehungsinstitutionen aufgebürdet, ohne daß man fragt, ob diese Aufgaben auch noch übernommen werden können. Es wird auch nicht gefragt, ob im täglichen Leben außerhalb der Institutionen die erstrebten Ziele ebenfalls intendiert werden oder ob dort gegenläufige Einflüsse wirksam sind.
Rückblickend auf die letzten Jahrzehnte, haben wir festgestellt, daß manche Ziele im deutschen Schulwesen außerordentlich wirksam wurden, wie der christlich-humanistische Bildungsgedanke nach 1945 oder die Wissenschaftsorientierung nach 1964; andere aber, wie z. B. die Bereitschaft zu existenzieller Begegnung, konnten das Schulwesen kaum bestimmen. Das Ziel war wohl zu hoch gesteckt; was nur geschenkhaft erfahren werden kann, läßt sich im Schulalltag nicht erreichen; es fehlte an der Umsetzung in das tägliche Tun. Wenn die hier entwickelten Ziele also wirksam werden sollen, muß nun gefragt werden, wie sie den Schulalltag bestimmen können. Dabei ist es sinnlos, das Bild einer neuen Schule zu entwerfen. Vor kurzer Zeit erlebte ich in einer brisanten Elternversammlung, wie die heutige Schule verdammt wurde, da sie nur auf das „Haben" orientiert sei: den Besitz von Zeugnissen, Qualifikationen, Grundlagen für berufliche Erwerbsarbeit, Voraussetzung für hohen Lebensstandard; die künftige Schule müsse auf das „Sein" der Menschen hinzielen. Die Alternative Erich Fromms „Haben oder Sein" wurde zum Modell für Schulverdammung und Schulidee. Wider meinen Willen fühlte ich mich in die Rolle dessen gedrängt, der die Realität der heutigen Schule verteidigte, um Verständnis für funktionale Zielsetzungen warb und an der Möglichkeit zweifelte, durch die Schule eine Gesellschaft des „Habens" in eine des „Seins" umzuformen.

Wenn überhaupt Chancen bestehen sollen, daß die dargestellten Zielsetzungen die Schulwirklichkeit bestimmen, muß man sehr viel nüchterner ans Werk gehen. In anderem Zusammenhang wurde allgemein gesagt, der Mensch könne die Wirklichkeit nur verbessern, wenn er in kritischer Sympathie nach den realen Möglichkeiten suche, die zur weiteren Entfaltung gebracht werden können. Auch die Schule als Institution hat wie der Staat die kritische Sympathie derjenigen notwendig, die an ihrer Entwicklung und Veränderung mitarbeiten wollen. Man muß sehen, was sie leistet, und bedenken, was sie leisten kann; sonst wirken Kritik und Veränderung eher zerstörerisch als verbessernd, oder sie werden historisch überholt, ohne überhaupt wirksam geworden zu sein.

In den folgenden Überlegungen will ich mich darauf beschränken, zu fragen, wie die „human-profilierenden" Erziehungsziele (3. Kapitel, 3. Abschnitt) in der Praxis angestrebt werden können. Über die human-umfassenden Ziele – von der allseitigen Erziehung bis zur allgemeinen Werterziehung – ist schon so viel gesagt und zur Realisierung dieser Ziele sind so viele Vorschläge gemacht worden, daß ich an dieser Stelle darauf verzichten kann (vgl. Literaturhinweise bei Günzler/Teutsch). Es soll also nur darüber gesprochen werden, wie der Schüler zur bejahenden Grundeinstellung gegenüber der Wirklichkeit, zu kritischer Sympathie, zur Bereitschaft, sich in Anspruch nehmen zu lassen und daraufhin engagiert zu handeln, geführt werden kann, in der Hoffnung, daß ein solches Leben Sinn erfahren läßt.

Die Vorschläge, die dabei zu machen sind, können nicht absolut neu sein. Meist handelt es sich nur darum, an pädagogische Möglichkeiten wieder zu erinnern, die früher schon oder auch heute in einzelnen Schulen verwirklicht wurden und werden. Hier gilt dasselbe wie bei der Entdeckung zeitnotwendiger Zielsetzungen: meist handelt es sich nur um eine Wiederentdeckung mit der Gefahr, daß man als konservativ oder als reaktionär gebrandmarkt wird. Selbst die revolutionär erscheinenden Zielsetzungen oder Praxisvorschläge sind oft nur Radikalisierungen von uralten Zielen und Praktiken. Dennoch kann die besondere Betonung bestimmter Ziele und die besondere Pflege bestimmter Erziehungsakte und -maßnahmen der Schule durchaus ein verändertes Gepräge geben. Um ein solches Gepräge unserer Schule geht es im folgenden. Welche (alt-)bekannten Unterrichtsformen, Erziehungsakte, zwischen-

menschlichen Beziehungen verdienen in der heutigen Schule eine besondere Beachtung, damit die Schüler die genannten Erziehungsziele erreichen können?
Zwei Einschränkungen sind dabei zu beachten: Es wurde von den „profilierenden" Zielen gesprochen, d. h. die funktionalen und human-umfassenden Ziele werden nicht verneint, sondern vorausgesetzt. Vieles, was in der Schule nach wie vor geschehen muß, wird durch diese Ziele gefordert, ohne daß im folgenden davon die Rede ist. In der Schule müssen Kinder weiterhin lernen, eine angemessene Ordung zu halten, konzentriert in der Gruppe zu arbeiten, sich bei schwierigen Aufgaben anzustrengen. Sie müssen die Qualifikationen erreichen, die sie in den weiterbildenden Institutionen und im Beruf brauchen. Sie müssen lebenstüchtig werden, um in Familie und Freizeitbereich zu bestehen. Sie sollen sich so entwickeln, daß sie die Vieldimensionalität menschlichen Lebens an sich selbst erfahren und für den Wertreichtum aufgeschlossen und ansprechbar werden. In den folgenden Anregungen geht es nicht um diese Aufgaben im allgemeinen, sondern um das *besondere Profil*, das die Schule heute haben muß, um in der Not unserer Zeit den Kindern ein humanes, menschlich erfülltes Leben zu ermöglichen.
Außerdem sind die Vorschläge nur Hinweise, keine abschließende Aufzählung oder eine vollständige didaktisch-pädagogische Theorie der Schule. Sie fordern dazu auf, geprüft und weiterentwickelt, vor allem aber ergänzt zu werden.

1. Lehrer und Schüler

Wenn der Mensch sich der Wirklichkeit, den Dingen und Menschen, zuwenden, wenn er sie in ihrer Positivität wahrnehmen und annehmen soll, muß er zunächst selbst die Erfahrung machen, angenommen zu sein. Er muß erfahren, daß er so ernstgenommen und angenommen wird, wie er ist; daß der andere Mensch auch in ihm das Positive entdeckt und nicht nur immer an ihm herumkritisiert; daß er ihm in seiner ganz individuellen Entwicklung hilft. Nicht nur lieben lernt man dadurch, daß man geliebt wird; für dies viel schlichtere und alltäglichere Annehmen gilt dasselbe.
Darüber wird häufig gesprochen, wenn man über die Entstehung des Urvertrauens in der Mutter-Kind-Dyade spricht. In dieser Zeit ist die Erfahrung, angenommen zu sein, sogar lebens-wichtig. Aber

wer ein Leben lang sich selbst, die Dinge, das Lebendige, die Menschen annehmen soll, braucht auch über die ersten Lebensjahre hinaus, ja bis in das Alter hinein, die Annahme durch andere Menschen. Viele Eltern sind aber heute, aus welchen Gründen auch immer, nicht in der Lage, sich ihren Kindern in dieser Weise zuzuwenden. „Lehrer sollten das wissen, und sie sollten sich nicht scheuen, in die Bresche zu springen und dem Schüler die Erfahrung zu ermöglichen, daß er angenommen ist, – auch dann, wenn er versagt. Der Schüler braucht dies Angenommensein" (von der Lieth, S. 16). Aber selbst wenn der Lehrer in keine Bresche springen muß, weil der Schüler zu Hause volle Zuwendung findet, muß er den Schüler in dieser Weise anzunehmen suchen; das ist die Basis für alle weiteren Erziehungs- und Unterrichtsversuche, sofern sie über reine Information und Verhaltenstraining hinausgehen.

Wandel ist in seinem Buch „Macht die Schule krank?" gerade dieser Frage nach der Beziehung zwischen Lehrer und Schüler nachgegangen. Die Schüler „sind nicht nur ‚Objekte' eines pädagogischen ‚Machens', sondern in erster Linie dadurch zu beeinflussen, wie ein Lehrer seine *Beziehung* zu ihnen gestaltet, wieviel Verständnis er nicht nur besitzt sondern ihnen auch entgegenzubringen vermag" (S. 128). „Zuwendung ist das zentrale Mittel der Erziehung im Unterricht, nicht einzelne technische Maßnahmen, die eventuell zum Zweck der Kontrolle und Veränderung von Schülerverhalten nach Gesichtspunkten ihrer technischen Wirksamkeit ausgewählt und durchgeführt werden" (S. 161). Die unbedingte positive Zuwendung kann zwar dazu führen, alles zu verstehen und zu verzeihen; das wäre auch nicht der richtige Weg. Aber „der Mangel an unbedingter positiver Zuwendung" ist gefährlicher; er „ist in vielen Fällen der Grund, daß kein stabiles Selbstwertgefühl entwickelt wurde, daß Leistungszwänge übermächtig werden, daß die Beziehung zu anderen Menschen gestört ist, weil nie die Erfahrung einer positiven Zuwendung ohne Bedingung gemacht werden konnte" (S. 162). Auch, ja gerade wenn ein Schüler die geforderte Leistung nicht erbringen kann, wenn er verhaltensgestört Unterricht und Klassenleben belastet, braucht er die unbedingte Zuwendung. Wandel ist nach seinen Forschungen überzeugt, daß darin die zentrale Forderung liegen muß, wenn man die pathologischen Erscheinungen in der Schule mindern und die Schule selbst „humanisieren" will.

Hanisch ist den „Auswirkungen positiver Lehrereinstellungen auf Schüler" im einzelnen nachgegangen. Nur durch sie können Stigmatisierungen vermieden, Angst und Aggressionen gemindert, soziale Ungerechtigkeiten gemildert und das Wachstum des Schülerselbstvertrauens gefördert werden (S. 174-224). Die Thesen und Begründungen können hier nicht im einzelnen referiert werden; aber die Arbeit zeigt jedenfalls, was es für den Schüler bedeutet, daß der Lehrer zu ihm Ja sagt, ein unbedingtes, wenn auch kritisches Ja, und daß der Lehrer daher die Beziehung zu ihm sucht.
Um das tun zu können, muß der Lehrer zunächst den einzelnen Schüler kennen. Auf *soziale* Benachteiligung ist man in den letzten Jahren zunehmend aufmerksam geworden; aber es gibt auch eine Fülle von Belastungen, die mit der Sozialschicht wenig oder nichts zu tun haben. Die Ablehnung des ungewollten Kindes, die Spannungen zwischen den Eltern, das Leben in der unvollständigen Familie, wirtschaftliche oder gesundheitliche Probleme können die Entwicklung des Kindes prägen; der Vergleich mit den erfolgreicheren oder unterlegenen Geschwistern oder anderen Verwandten und Bekannten, Glück und Enttäuschung in Freundschaften und erster Liebe bestimmen mindestens die augenblickliche Lernfähigkeit mit. „Die Schule registriert dies alles meistens erst dann, wenn das Kind sich anstößig benimmt oder wenn es beginnt, gegenüber den schulischen Anforderungen zu versagen ... Sie hat erst wenig Möglichkeiten entwickelt, sich um diesen Lebenszusammenhang des Kindes und um diese Seiten seiner Lernbiographie zu kümmern" (Flitner, 1977, S. 133).
Das Kind muß aber empfinden, daß dem Lehrer solche Erfahrungen nicht gleichgültig sind, und der Lehrer muß um diese Dinge wissen, da er sonst dem Kinde nicht gerecht werden kann. Wer jedoch das Kind so in seiner individuellen Biographie sieht, ist dadurch in Anspruch genommen. Er muß trösten, bestärken, helfen, bremsen, manches übersehen und abwarten, energisch warnen oder einfach zur Seite stehen; er muß auch die Klassenkameraden darauf aufmerksam machen, daß sie ebenso in Anspruch genommen sind.
So berichtet Neulinger von einem Mädchen, das alle Klassenfahrten begeistert mit vorbereitete, aber nicht mitfuhr. Die Eltern hätten ihr das Geld zwar gegeben; da sie aber um die Not zu Hause wußte, hatte sie nicht zu fragen gewagt. Um dem Mädchen das Gefühl der

Demütigung, sie müsse von den Almosen der anderen leben, zu ersparen, gestaltete man gemeinsam einen Basar; das Geld kam in einen allgemeinen „Betriebsfond" der Klasse, aus dem dann auch solche Defizite in der Fahrtkasse ausgeglichen wurden (S. 118 f.). – Eine Studentin berichtete mir von einem Landheimaufenthalt einer 9. Hauptschulklasse im Gebirge. Ein besonders korpulenter Junge will mit auf den Berg, schafft aber den Aufstieg nicht. Enttäuscht und voller Selbstzweifel betrinkt er sich maßlos. Er wird daraufhin nach Hause geschickt. Erst dann machen Lehrer und Klassenkameraden sich die Situation dieses Jungen klar. Sie holen ihn ins Landheim zurück, um durch Integration seine Gefühlslage zu stabilisieren.

In wieviel Klassen fragt man heute nicht lange, wer der Übeltäter sein könnte, wenn etwas abhanden gekommen oder zerstört ist. Prinzipiell sind es die ausländischen Klassenkameraden. Aber der Lehrer kann auch Verständnis für den Neuen wecken, der noch kaum ein Wort Deutsch spricht. Es ist eine Freude zu beobachten, wie dann schon Grundschüler mit immer neuen Einfällen bemüht sind, dem Mitschüler in nicht-sprachlichen Kommunikationsformen etwas klarzumachen. Die Sprachprobleme sind aber nicht die einzigen; der Ausländer lebt zu Hause nach ganz anderen Normen als der deutsche Mitschüler. Das Leben in zwei Welten führt in beiden zu Konflikten und Anstößen. Dafür Verständnis zu zeigen, ist Aufgabe der Partner; der Neue wird sehr genau auch aus kleinen Gesten erkennen, ob er angenommen ist.

Mauermann fordert daher, Thesen amerikanischer Autoren rezipierend, vom Lehrer „Aufnahmefähigkeit" (die Fähigkeit, die richtige Wellenlänge einzuschalten, zuzuhören und zuzuschauen), „Interpretationsfähigkeit" (die Fähigkeit, wahrzunehmen, was vielleicht nur hintergründig zum Ausdruck kommt), „Reaktionsfähigkeit" und „Mitteilungsfähigkeit" (Mauermann/Weber, S. 86). Voß weist besonders darauf hin, daß der Lehrer auch auf die emotionalen Bedürfnisse des Kindes eingehen muß. Jeder Grundschullehrer kennt das Zärtlichkeitsbedürfnis der Kinder, das aber oft wegen falsch verstandener Rollenklischees oder aus Angst vor zuviel Nähe unbefriedigt bleibt; gewiß können nicht alle familialen Verhaltensmuster in der Schule übernommen werden; aber wieviel unnötige Distanz wird geschaffen, wenn Lehrer oder Lehrerin jeden leiblichen Ausdruck der Nähe verweigern! Der Schüler muß sich bei dem Lehrer auch sicher fühlen, geborgen in der Verläßlichkeit des Lehrers, wenn er mit seinen eigenen kleinen und großen Sorgen nicht fertig wird. Das Kind, auch der Jugendliche braucht die soziale Anerkennung, Verständnis und Ermutigung (S. 142-172). Lehrer müssen es lernen, solchen emotionalen und personalen Bedürfnissen zu entsprechen. Das fällt nicht jedem leicht, aber es ist notwendig, wenn man dem Schüler zukommen lassen will, was er heute braucht. Solche Qualifikationen sind ebenso wichtig wie fachliche und didaktische. Lehrer müssen zudem bereit sein, in dieser Einstellung miteinander über die Schüler zu sprechen; keiner kann alles beobachten und jede Familie kennen. Aber in einem Kollegium ist oft viel mehr über einen Schüler bekannt, als der einzelne Lehrer ahnt. Lehrerkooperation geht viel weiter, als gemeinsame Unterrichtsplanung oder team-teaching es fordern.

Darüber hinaus muß man daran denken, daß Kinder und Jugendliche in der Regel nicht aus einem primären Sachinteresse lernen. Das Spielzeug wird für das Kleinkind interessant, weil die Mutter es reicht; die personale Vermittlung ist wesentlich. Aber noch der Oberstufenschüler läßt sich für naturwissenschaftliche Probleme, für eine Dichtung, für eine Deutung menschlichen Lebenssinns interessieren, wenn der Lehrer sich damit identifiziert und den Gegenstand als Person für den Schüler repräsentiert. Die meisten können sich wohl noch an einen Lehrer erinnern, der ihnen dies oder jenes auf diese Weise nahegebracht hat. „Darum ist der Umgang von gebildeten und gesitteten Menschen mit den Nachwachsenden und noch Lernenden von entscheidender Bedeutung – Umgang, wechselseitige Zuwendung und geistiger Verkehr. Denn im Umgang und aus der Zuwendung entsteht im Glücksfall Antwort, im Notfall Verweigerung, die aber als Durchgangsstadium auch eine positive Funktion haben kann" (W. Flitner, S. 503). Wieviel mehr ist dabei im Spiel, als wenn der Lehrer sich nur als „Organisator von Lernprozessen" versteht, obwohl er in Grenzen auch das sein muß. Die Wirklichkeit, in der Person des Lehrers repräsentiert, kann so erfahren werden, daß sie Zuwendung und Zustimmung weckt und den Schüler als Person in Anspruch nimmt.

Auch die Gestaltung des Unterrichts bleibt von der Beziehung zum Schüler nicht unberührt. Man kann nach kausalanalytisch begründeten, wissenschaftlich-technologischen Methoden optimal Wissen vermitteln, Erkenntnisse anregen, Fertigkeiten und Verhaltensweisen trainieren und modifizieren. Man kann so das meßbare Begabungspotential der Schüler ausschöpfen und am Schluß prüfen, wieweit die Lernziele erreicht sind. Aber so lernen Schüler nur bis zur Anwendung oder auch nur bis zur Prüfung, was verlangt wird. Wenn sie selbst Zugang zu einer Sache, einem Kunstwerk, einem Problem finden sollen, dann muß ein solcher Unterricht aufgebrochen werden. Vielleicht wird nur in Andeutung erkenntlich, in welcher Weise die Schüler Zugang zur Sache suchen oder daß sie überhaupt selbst daran interessiert sind. Der Lehrer muß ein Gespür dafür entwickeln, wenn im Verhalten des Schülers sichtbar wird, daß er an der Sache beteiligt ist. Das kann man, auch wenn man die Biographie des Schülers kennt, oft nicht vorweg wissen. Wichtig ist daher „die Fähigkeit des Lehrers, sich während des Unterrichts in Schüler und Situationen hineindenken zu können, dafür sensibel zu sein, wann Schüler eigene Erfahrungen einzubringen haben, und Momente zu erkennen, in denen Schüler von einer Sache betroffen sind, sich mit ihr ‚verhaken', d. h. mit ihrem Ich beteiligt sind, so daß Impulse für eine Neuorganisation des Unterrichtsablaufs entstehen" (Messner, Planung, S. 150).

Sind das aber realisierbare Forderungen? Wird hier nicht ein utopisches Bild der Lehrer-Schüler-Beziehung gezeichnet? Niemand wird diesem Anspruch in allen Situationen gerecht werden können; das ist zuzugeben. Aber das ist auch nicht das Entscheidende. Der junge Mensch will auch gar nicht den ständigen Ausdruck dieser Beziehung. Aber er muß sich darauf verlassen können, daß er angenommen ist, und dazu braucht er immer wieder einmal die Vergewisserung. Kein Lehrer kann sich mit jedem Unterrichtsgegenstand voll identifizieren; aber der Schüler muß immer wieder einmal die Erfahrung machen, wie ein Unterrichtsinhalt an Strahlkraft gewinnt, wenn der Lehrer sich mit ihm identifiziert. Man muß vieles behandeln und prüfen, aber der Schüler muß wissen, daß der Lehrer nicht darüber hinweggeht, wenn Schüler sich mit ihren Problemen und Interessen nicht in den geplanten Lernprozeß einfügen lassen.

Selbstverständlich sind solche Erwartungen an den Lehrer besser erfüllbar, wenn die äußeren Bedingungen dafür gegeben sind. Davon muß noch gesprochen werden. Aber man kann und braucht nicht zu warten, bis das alles erreicht ist, – sonst wird wahrscheinlich auch dann, wenn alles erreicht ist, die Lehrer-Schüler-Beziehung unverändert bleiben.

Schon heute gibt es in allen Schulen Lehrer, die ihre Beziehungen zu den Schülern in ähnlicher Weise zu gestalten suchen. Früher hat man einmal gesagt, ein solcher pädagogischer Bezug sei mehr Sache der Volksschullehrer, während die Lehrer an Gymnasien eher an der Sache interessiert seien. Ich halte diese Aussage für falsch, sowohl als Beschreibung des Zustandes, als auch als Programm. Es geht um die Beziehung, die immer auch sachorientiert ist, und um die Sache, die sich in personaler Beziehung dem Schüler eröffnet. In manchen Schulen mit besonderen Lebensbedingungen und Möglichkeiten haben die Lehrer mit ihren Schülern vielleicht häufiger und intensiver so leben können als in den allgemeinen Staatsschulen. Die Landerziehungsheime und die Schulen, die an ihre Tradition angeknüpft haben, boten dazu die besten Voraussetzungen; in Waldorfschulen gehört das Bemühen um solche Beziehungen zur programmatischen Grundlage; Internatsschulen erleichtern oft den Zugang zum ganzen Menschen, wenn Erzieher und Lehrer eng miteinander zusammenarbeiten. Die Bielefelder Laborschule von v. Hentig oder die Glockseeschule von Negt sind Modellschulen, in denen gerade diese Lehrer-Schüler-Beziehung zentrale Bedeutung gewinnt. Manche bewußt christliche, katholische oder evangelische, Schule kann sich darauf verlassen, daß viele Lehrer, auch aus ihrem Glauben motiviert, die Beziehung zum Schüler suchen und sich von ihm in Anspruch nehmen lassen, insbesondere wenn er in seelischen oder äußeren Schwierigkeiten ist. Aber auch mancher Lehrer, der sein eigenes Tun mit der Kategorie der Emanzipation interpretierte, war von einem solchen sozialen Engagement für die Benachteiligten erfüllt, daß er mindestens dieser Schülergruppe gegenüber um eine intensive Beziehung bemüht war, und zwar durchaus um des Menschen, nicht nur um einer allgemeinen gesellschaftlichen Veränderung willen.
Von solchen Erfahrungen gilt es zu lernen. Es ist zu fragen, wieweit das allgemeine Schulwesen so organisiert werden kann, daß eine ähnliche Zuwendung möglich wird; es ist aber auch der einzelne Lehrer zu fragen, ob er um des Erziehungszieles willen bereit ist, dieses menschlich beanspruchendere Unterrichten und Erziehen zu versuchen. Jeder Schritt in diese Richtung ist ein Stück Weg zur Realisierung der notwendigen Erziehungsziele in der Schule.

2. Der Unterricht

Die Gedanken zur Unterrichtsgestaltung möchte ich mit einem Zitat beginnen; der Redner stellt die Fragen „als Vater schulpflichtiger Kinder": „Was lernen die Kinder auf den Schulen? Lernen sie noch Bezüge zu geistigen Inhalten herzustellen und über diese Bezüge nachzudenken, um so ihr eigenes Verhältnis zur Welt zu finden? ... Werden im Deutschunterricht z. B. noch Bezüge zu den großen Autoren unserer Literatur hergestellt, oder legt man es nicht vielmehr darauf an, diese möglichen Bezüge unter dem Vorwand zu zerstören, man müsse ihre ‚gesellschaftliche Relevanz' untersuchen? Werden nicht die Fächer, in denen das Kind noch die Möglichkeit hat, sich aktiv mit seiner Umgebung in Bezug zu setzen, wie der Kunst- und Musikunterricht, zunehmend zurückgedrängt? Und bewirkt dieses alles nicht, daß die jungen Menschen wohl vielerlei Meinungen, z. T. sehr gescheite Meinungen, aber keine Überzeugungen mehr haben; daß sie über alles reden, aber sich für kaum noch etwas einsetzen können?" Der Redner ist der frühere Bundespräsident Walter Scheel (S. 18). Er spricht für viele Eltern, wie man immer wieder aus den Stellungnahmen von Landeselternbeiräten, des Bundeselternrats und freier Elterninitiativen und -bünde entnehmen kann. Das sind keine professionellen Erzieher und Lehrer; sie mögen über die Möglichkeiten der Schule oft ungenügend informiert sein. Aber es sind die Menschen, die unmittelbar an ihren Kindern erfahren, an welchem Mangel diese leiden.

Natürlich ist es leicht, Gegenbeispiele zu nennen. Es gibt Lehrer, die sich mit großem Geschick darum bemühen, „Bezüge aufzubauen", wenn auch aufgrund der Außenbedingungen nicht immer mit Erfolg. Es gibt viele Jungendliche, die sich für ihre Überzeugungen einsetzen. Gerade an diesen Lehrern und Jugendlichen wird deutlich, daß solche Ziele auch heute erstrebt und erreicht werden können. Aber der vorherrschende Trend wird in solchen Elternäußerungen doch wohl zutreffend erfaßt.

Es ist daher zu fragen, wie Unterricht den Bezug zum Wirklichen in Zustimmung und kritischer Sympathie aufbauen kann und wie er dazu beizutragen vermag, daß sich die jungen Menschen in Anspruch genommen fühlen, um sich dafür einzusetzen, die Welt mindestens ein wenig besser zu gestalten.

a) Zunächst soll versucht werden, die Frage *allgemein* zu beantworten. Wieder soll ein Zitat am Anfang stehen: „Zunächst ist festzuhalten, daß ‚Wissenschaftsorientierung' für die Bestimmung der Unterrichtsinhalte nicht der leitende, allein ausschlaggebende Maßstab sein kann. Dies gilt für die gesamte Schulzeit von der Grundschule bis zum Abitur. Die Schulfächer verkörpern einen viel umfassenderen Komplex von Lebensbezügen als etwa nur den wissenschaftlichen. Sie müssen daher ein Medium zur Ermöglichung einer Vielzahl von Formen der Weltbegegnung bleiben, – vom Zusammenleben und Arbeiten, Spielen, Planen und Lernen bis hin zu Formen politischer Reflexion, des Sports und der Unterhaltung. In der Lebenswelt von Schülern, auf die sich alle diese Bezüge richten, sind nicht nur wissenschaftliche Fähigkeiten gefordert ... Zumindest sind auch andere Fähigkeiten gefordert: praktisch-konkrete Urteilskraft, Verständnis für andere, Solidarität, Durchhaltekraft auch bei Rückschlägen, Geduld, im eigenen Lebenskreis wurzelnde Identität" (Messner, Wissenschaftsorientierung, S. 223). Man ist fast versucht zu fragen, ob die Trennung von wissenschaftlicher und volkstümlicher Bildung heute nicht „von der anderen Seite her" überwunden werden muß. Zunächst hat man möglichst alle wissenschaftsorientiert zu Abiturienten machen wollen, heute fordert man bis zum Abitur praktisch-konkrete Urteilskraft und Tugenden, wie sie immer schon gerade in der Volksschule angestrebt wurden. Vom Heimatprinzip bis zur „im eigenen Lebenskreis wurzelnden Identität" ist es gar nicht so weit.

Ein weiteres wird in diesem Zitat auch schon deutlich: Es gibt Lernziele, die im Unterricht direkt angestrebt werden und deren Erreichen man anschließend prüfen kann. Darüber hinaus gibt es aber Erziehungsziele im Unterricht, die nicht direkt thematisch angegangen werden können. Sie können nur beiläufig erreicht werden: Solidarität, Durchhaltekraft, Geduld und viele andere im Zitat nicht genannte. Natürlich kann man auch das thematisieren: Der Schüler soll an Beispielen erklären können, daß in manchen Situationen ein Ziel nur mit Durchhaltekraft erreicht werden kann. Oder: Der Schüler soll Durchhaltekraft und Starrsinn unterscheiden können. Aber dadurch wird die Durchhaltekraft nicht erreicht. Sie wächst vielmehr mit Hilfe zahlloser Ermutigungen, durch Nachsicht beim Versagen und das Stellen angemessener Aufgaben in allen Fächern und Lebensbereichen, in denen sich Schwierigkeiten auftun.

Diese Ziele und Wege können im curricularen, lernzielorientierten Lehrplan kaum eingefangen werden; sie tauchen höchstens in Präambeln auf. Für einen Lehr-Lern-Prozeß, der sich an den hier dargestellten Erziehungszielen orientiert, ist diese Dimension des Unterrichts aber die wichtigste. Dazu gehört die Bereitschaft, nicht locker zu lassen, bis man sich einen Gegenstand möglichst ganz erschlossen hat, und sich nicht nur an erwarteten Prüfungsfragen zu orientieren; es gehört dazu die Bereitschaft, auf augenblickliche Bedürfnisbefriedigung zu verzichten, wenn ein weitergestecktes Ziel erreicht oder einem erfahrenen Anspruch entsprochen werden muß; es gehört dazu die Bereitschaft, Zeit zu investieren, wenn es von der Sache her notwendig ist.

Unterricht hat aber noch ein weiteres Ziel, das zwar noch weniger in die Verfügungsmacht des Lehrers gegeben ist, aber dennoch das Unterrichten bestimmen muß. Im Unterricht sollen „Bezüge" gestiftet werden; das ist nur möglich, wenn der Lernende von der Sache ergriffen, betroffen wird. Sympathie-Bezüge sind eine emotional-rationale Einheit, die nicht willkürlich herstellbar oder erzwingbar ist; der Unterricht kann aber Chancen dafür bieten. Dabei sollte man nicht wie in der Begegnungspädagogik allzu hohe Ansprüche an einen solchen Bezug stellen; damit verweist man ihn nur in die ideale Sphäre. Das hier Gemeinte ist wesentlich schlichter, aber es ist immer mehr als ein wissenschaftliches Analysieren und rationales Verfügen über etwas. Es wird heute soviel über Identitätsfindung gesprochen. Mir scheint, daß die menschliche Identität eines Schülers nicht zuletzt davon bestimmt wird, welche Bezüge er in diesem Sinne aufbauen kann. Man geht als Lehrer mit einer Dichtung anders um, man spricht anders über Menschen aus Geschichte und Gegenwart, man erschließt die Natur anders und führt anders in das politische Leben ein, wenn man sich von solchen Zielen leiten läßt.

Aus solchen Bezügen kann schließlich auch die Aufforderung zum Handeln entspringen. Diese ist natürlich auch direkt möglich und oft unvermeidbar: der Lehrer muß an die Schüler appellieren, dies zu tun und jenes zu unterlassen; er wird sie auch direkt zu bestimmten Aktionen auffordern. Dabei können und sollen Kinder lernen, daß es auch innerlich befriedigend ist, anderen zu helfen, gemeinsam an der Säuberung der Umwelt mitzuwirken, ein Stück für die Bewohner des Altersheims einzuüben. Aber das kann erzieherisch auf die Dauer nur zum gewünschten Erfolg führen, wenn nicht nur das Tun, sondern auch die Initiative von den jungen Menschen selbst ausgeht. Dazu aber muß der Bezug gefunden sein, die Sympathie, die hellsichtig macht für das, was besser sein könnte und sollte; nur so kann man den Anspruch an sich selbst erfahren und von sich aus initiativ werden, ohne daß ein anderer erst dazu auffordern muß. Eisermann versucht in seinem Aufsatz über die Gewissenserziehung im Unterricht diese zentrale Aufgabe so zu umschreiben: „Angestrebt wird die Einsicht in die strukturelle Eigengesetzlichkeit des jeweiligen Sachverhalts und die hieraus sich ableitende Forderung an die Person, im Umgang mit der Sache deren Struktur gemäß zu handeln. Der Schüler soll nicht nur unverbindliche Kenntnisse erwerben, sondern seine ganz persönliche Verantwortung für diesen speziellen Gegenstand erkennen" (S. 66). Dem ist zuzustimmen, wenn man hinzufügt, daß die „Einsicht" nur ein Aspekt des umfassenden personalen Bezuges ist.

b) Diese prinzipiellen Gedanken müssen sich aber im *Fachunterricht* umsetzen lassen; sonst bleiben sie folgenlose Postulate. Wenigstens mit einigen Hinweisen soll der Versuch gemacht werden, diese Umsetzung zu verdeutlichen. Die Hauptarbeit muß den Fachdidaktikern überlassen bleiben.

Die *Heimatkunde* der volkstümlichen Bildung war ein Hauptangriffsziel der wissenschaftsorientierten Pädagogik und der gesellschaftspolitischen Kritik. Die Kritik hatte auch ihre guten Gründe; die betonte Abwendung von wissenschaftlichen Denkformen wird heute keiner mehr befürworten, da die heimatliche Umwelt so wissenschaftabhängig geworden ist; die Zweiteilung der Menschen in volkstümlich und wissenschaftlich Gebildete kann man nicht gutheißen. Es ist aber wohl keine Frage, daß die Heimatkunde näher daran war, Bezüge der Kinder zu den Gegebenheiten der Umwelt zu stiften, als der fachlich-wissenschaftliche Unterricht. Es ist die Frage an den heutigen Lehrer, wie er die sachkundliche Analyse so in den vieldimensionalen Umgang mit den Dingen einbetten kann, daß das Kind auch heute lernt, einen inneren Bezug zum Gegenstand zu finden oder zu vertiefen.

Natürlich soll der Erstklässler „einige häufige und auffallende Pflanzen bezeichnen und unterscheiden" lernen; er soll auch „an einigen Pflanzen Wurzeln, Stengel, Blätter und Blüten unterscheiden" und die „verschiedenen Lebensräume" der Pflanzen kennenlernen. Das könnte jedoch so verstanden werden, als sollten hier nur die ersten Kategorien biologischen Denkens eingeführt werden. Der Bildungsplan von Baden-Württemberg, dem diese Beispiele entnommen sind, nennt aber gleichzeitig andere Ziele: „Von Anlässen erzählen, die zeigen, daß Blumen und Früchte Freude bereiten", „Bunte Herbstblätter sammeln, betrachten und vergleichen"; er macht den Vorschlag, man solle die Pflanzen malen oder in Reißarbeiten darstellen lassen, Pflanzen pressen, aus bunten Blättern ein Wandfries zusammenstellen, Zimmerpflanzen *pflegen.* Die Dimension des Umgangs wird so einbezogen; Kinder haben Anlässe, die Schönheit zu erfahren; die Pflege nimmt sie in Anspruch (Kultusministerium BW, S. 110 f.).

Gewiß läßt sich das nicht bei allen Themen in dieser Weise integrieren; aber die Art, wie man die Dinge im Unterricht einführt, wie man über sie spricht und wie man die Kinder mit ihnen umgehen läßt, kann durchaus vom gleichen Ziel bestimmt sein. Selbst wenn die Kinder in einem übervölkerten alten oder neuen Großstadtviertel wohnen, kann man diese Heimat unterschiedlich einführen. Man kann sie darstellen als den Lebensraum der Unterprivilegierten gegenüber den Villenvierteln der Reichen, als die steingewordene kapitalistische Ausbeutung; man kann sie darstellen als die kinderfeindliche Umwelt; man kann sich, ohne das Negative zu vertuschen, aber auch fragen, welche Möglichkeiten gegeben sind, diese Umwelt ein wenig zu verbessern. Bitternis führt meistens weniger zur Veränderung als die Suche nach konkreten Möglichkeiten. Das gilt natürlich nicht nur für eine Grundschule, sondern erst recht für die Jugendlichen in den weiterführenden Schulen.

Eine Ravensburger Hauptschule hat sich in einer Arbeitsgemeinschaft vorgenommen, eine alte Zehntscheuer, einen verfallenen, anscheinend abbruchreifen Fachwerkbau, zunächst von außen zu renovieren. Sie fand bei der Stadt Unterstützung, und dank des Einsatzes des Schulleiters mit seinen Schülern können sich heute alle Bürger wieder an dem schönen Bau erfreuen. Inzwischen geht innen die Renovierung weiter. In München gibt es eine von der Stadt weitgehend finanzierte „Aktion Innenhofbegrünung". Hausbesitzer und Mieter, nicht zuletzt die Jugendlichen, tun sich zusammen, um aus Innen- und Hinterhöfen begrünte Aufenthalts- und Spielplätze zu machen, meist für einige nebeneinanderliegende Häuser gemeinsam. So werden für alle Hausbewohner Kommunikationsmöglichkeiten geschaffen; die Stadt wird wohnlicher, das Leben lebenswerter. Auch bei solchen Aktionen können Schüler anregend tätig sein und ihre Schulkameraden unterstützen (vgl. Bericht in: Leben und Erziehen, 1980, H. 2).

Ein besonderes Problem stellt sich heute, wenn wir fragen, wie wir den Zugezogenen, vor allem den Ausländern die Möglichkeit geben, sich in dem neuen Lebensbereich zu beheimaten, ohne daß sie ihre Herkunft und alte Heimat verleugnen müssen. Ihnen muß oft vieles erschlossen werden, was der Einheimische – im Bilde gesprochen – mit der Muttermilch eingesogen hat. Man muß sie bewußt in das Leben einbeziehen, in die Feste und Feiern; man muß ihnen auch die geschichtliche Herkunft der heutigen Umwelt erschließen und ihnen zeigen, worin die Verbundenheit der Einheimischen mit ihrer Welt gründet. Das hat nichts mit Dorfromantik zu tun; auch der Münchener, Kölner, Hamburger oder Berliner identifiziert sich mit seiner Stadt, selbst wenn er nicht in dem bevorzugten Wohnviertel wohnt.

Im *muttersprachlichen* und *fremdsprachlichen Unterricht* der letzten Jahre hat die Wendung zur Linguistik und zur gesellschaftskritischen Analyse der Texte sicher manche neue Anregung gebracht. Wenn der Lehrer sich in die neuen Erkenntnisse der Soziolinguistik gründlich und kritisch einarbeiten konnte und nicht nur die begrifflichen Klischees übernahm, konnte er den Unterricht dadurch befruchten. Wieviel die kritische Analyse der Zeitungs-, Werbungs- und Trivialtexte für einen sachgemäßeren Umgang mit solchen Sprachgebilden gebracht hat, wird wohl sehr differenziert beurteilt werden müssen. Ob es Schülern nützt, etwas über ihren restringierten Code im elaborierten Code der Schule zu hören, mag dahingestellt bleiben.

Offenbar ist hinter solchen Unterrichtsbemühungen aber manches zurückgetreten, was wiedergewonnen werden müßte, wenn es uns um die dargestellten Erziehungsziele geht. Dem Schüler sollte nach wie vor die Erfahrung zuteil werden, daß ein sprachliches Werk mehr sein kann als Nachricht oder Appell. Vielleicht haben wir auch früher schon viel zu viel über Werke geredet und sie zerredet; wer mochte später noch ein Werk lesen oder auf der Bühne sehen, was in Stunden und Wochen in der Schule besprochen wurde! Wir müssen wohl noch Wege finden, Schülern Dichtung so zu präsentieren, daß sie davon betroffen werden, sensibel für die Aussage und die Gestaltungsqualitäten, in denen sie erst zum Ausdruck kommt. Ich habe früher als Deutschlehrer bisweilen nur mit einigen überleitenden Hilfen Gedichte und Prosatexte vorgetragen, zusammengestellt unter irgendeinem aktuellen Gedanken; später erzählten mir Schüler, daß gerade diese Stunden und die auf diese Weise erschlossene Dichtung sich ihnen eingeprägt hätte. Das soll kein Rezept sein, sondern nur ein Hinweis, wie man möglicherweise eine Methode verändern muß, um Bezüge zum sprachlichen Werk zu eröffnen. Meßbares und prüfbares Wissen und Können haben diese Stunden allerdings kaum hervorgebracht.

Bei solchen Versuchen geht es auch darum, daß der junge Mensch die Barriere seiner eigenen Denkform und Fragen überspringt. Wir sind alle in ihnen oft so befangen, daß wir sie wie Vorurteile an alles andere herantragen, was uns fremdartig erscheint, weil es einer anderen Zeit oder einem anderen Kulturraum entspringt. Manches deutet aber darauf hin, daß auch ein heutiger Jugendlicher durchaus einen Zugang zu romantischer Naturerfahrung findet, wie sie im Gedicht gestaltet ist, oder auch zum ausländischen Werk, das zunächst ganz fremd anmutet. Auf der trivialen Ebene sind romantische Erlebnisweisen, Formen des Jugendstils sowie Musik und Texte aus anderen Erdteilen längst rezipiert; mir scheint das symptomatisch. Verstehen dafür zu wecken, daß Anders- und Fremdartiges, das sich nicht sofort erschließt, dennoch einen eigenen Reiz und einen bedenkens- und anerkennenswerten Sinn haben kann, scheint mir ein wichtiges Ziel. Wir müssen wohl wieder neu lernen, auch solche Bezüge zu suchen und zu stiften.

Darüber hinaus kann man auch durch die inhaltliche Auswahl der Lesestücke und Dichtungen das Erziehungsziel berücksichtigen. Es gibt Fabeln, die die Blindheit aufgrund von Vorurteilen ins Bewußtsein heben; es gibt Erzählungen, die den Blick öffnen für Menschen in Isolierung und Not (vgl. Beispiele bei Tschamler/Zöpf, S. 161, 169); es gibt Werke, die menschliches Schicksal so gestalten, daß ein junger Mensch sich betroffen fühlt, und Persönlichkeiten darstellen, die dem Schüler etwas bedeuten können.

Die breite Diskussion über die einseitig-kritischen, emanzipatorisch gemeinten Darstellungen von Familie, Sitte, Recht und Staat in den Schulbüchern und zum Teil auch in den Richtlinien für die *Sozialkunde* ist zu bekannt, als daß sie hier referiert werden müßte. Im

Hinblick auf Familie und Staat kann man allerdings in letzter Zeit schon einen Wandel beobachten. Trotz aller Kritik an manchen gegenwärtigen Zuständen weiß man wieder um die menschliche Unersetzbarkeit der Familie, und man erkennt wieder, daß die freiheitlich-demokratische Grundordnung nicht eine Herrschaft bemäntelnde Phrase, sondern ein hochzuschätzendes Ergebnis langer historischer Prozesse ist. Das kann man aber nur im je eigenen Lebenskreis am konkreten Verhalten sehen lernen. Dadurch wird es dem jungen Menschen erst möglich, sich mit Familie, Recht und Staat zu identifizieren. Er muß sich zunächst als Glied der Familie fühlen, als Bürger dieses Staates empfinden, um überhaupt den Anspruch zu erfassen, der an ihn gerichtet ist. Die Tagesereignisse in aller Welt zeigen so viel erschreckende Alternativen, daß man sich gern trotz aller Mängel mit unserer politischen Ordnung identifiziert; sie ist mindestens offen für Verbesserungen; und solche Möglichkeiten sind ein hohes Gut.

Lernziele in diesem Fachbereich müssen daher eine Doppelstruktur haben: „Fähigkeit, die weltpolitischen Situationen zu interpretieren, und Bereitschaft, aus diesen Situationen ethische Konsequenzen für das eigene Handeln zu ziehen" (Günther/Willeke/Willeke, S. 14); „Fähigkeit, wissenschaftliche und programmatische Aussagen über die Familie und über Alternativen zur Familie zu beurteilen, und Bereitschaft, die äußeren und inneren Voraussetzungen für ein gelingendes Familienleben zu schaffen" (ebd. S. 57). In solchen Formulierungen fehlt zwar noch das verbindende Glied, das sich nicht direkt als Lernziel ansteuern läßt: die Identifizierung des Menschen mit seiner Familie, seinem Staat, der heutigen Menschheit. Ohne eine solche Identifizierung würde das Handeln vielleicht nur ein rechnerisches Kalkül mit dem Ziel des eigenen Vorteils, wie es sich in politischer Konformität zu jeder Zeit oder in wirtschaftlich begründeter Entwicklungshilfe zeigt. Aber die Chance, daß Schüler sich überhaupt identifizieren, steigt jedenfalls, wenn im Unterricht Positivität und Bedürftigkeit der Institutionen zugleich angesprochen und die Handlungskonsequenzen für den Menschen bedacht werden.

Auch *Geschichtsunterricht* kann deutlich machen, wie Menschen immer wieder versucht haben, die Not der Zeit zu überwinden. Dabei muß man einsehen, daß das ein immerwährender Prozeß mit vielen Erstarrungsphasen und Rückschritten bleibt. Es kann immer nur der jeweils mögliche nächste Schritt getan werden. Man darf weder den Herrschern des 18. Jahrhunderts noch den mehr oder minder autoritären Regimen in den heutigen Entwicklungsländern vorwerfen, daß sie unserem Demokratieverständnis nicht entsprechen; man muß ihnen vorwerfen, was sie gegen die auch zu ihrer Zeit und in ihrem Raum mögliche Menschlichkeit an Schuld und Verbrechen auf sich laden, aber man muß auch sehen, was sie auf die geschichtlich mögliche Weise geleistet haben. Geschichte als ein Prozeß genutzter und ungenutzter Möglichkeiten zu sehen, kann für den Menschen heute zum Impuls werden, nach unseren realen Möglichkeiten einer Weiterentwicklung zu fragen – auch im überschaubaren Lebensraum der eigenen Gemeinde.

Der *Biologieunterricht* bietet zahlreiche Möglichkeiten, wenn es gelingt, die Kinder wirklich „Leben" erfahren zu lassen. Das beginnt mit der Sorge für das Lebendige, für Pflanze und Tier; das ist auch im Klassenraum möglich, wenn sich in den Ferienzeiten Familien finden, die die Sorge übernehmen. Den Schulgarten gibt es nicht nur in Dorfschulen, sondern auch mitten in der Großstadt; wie in der Hibernia-Schule in Herne kann er für das Gartenbaupraktikum aller Schüler angelegt werden (Rist/Schneider, S. 104).

Teutsch weist immer wieder darauf hin, wie Biologierunterricht und christliche Ethik eine enge Verbindung eingehen können. Wenn die Natur als Schöpfung Gottes gesehen wird, dann ist das Hegen und Pflegen, das „Bebauen und Bewahren" zugleich ein Dienst an dem Geschaffenen und eine Anerkennung des Schöpfers. Für den Christen zeigt sich die Natur auch als das geschaffene Potential, das zu seiner Verwirklichung das Mitwirken des Menschen braucht. Teutsch versucht nachdrücklich, den Gedanken der „Mitgeschöpflichkeit" ins Bewußtsein zu heben, um so den Verantwortungsbereich über die „Mitmenschlichkeit" hinaus zu erweitern (Günzler/Teutsch, S. 112). Es ist die Frage, ob über solche Gedanken viel gesprochen werden muß; aber diese Einstellung sollte unserem Umgang mit der Natur zugrunde liegen. Das kommt in der Art des Sprechens über die Dinge, im eigenen Verhalten und in der beiläufigen Mahnung beim Wandertag vielleicht mehr zum Ausdruck als in einer einzelnen Unterrichtsstunde zu diesem Thema.

Aber auch sonst ergeben sich gerade aus der ökologischen Betrachtungsweise der Natur viele Möglichkeiten zu praktischem Tun, zum Hegen und Pflegen. Eine Gymnasialklasse beobachtete längere Zeit die Vogelwelt auf dem städtischen Friedhof und studierte die Nist- und Lebensgewohnheiten; man baute für die einzelnen Vogelarten passende Niststätten, um so die Vögel in diesem Lebensraum zu halten. Eine andere Klasse studierte die Bedeutung der Bäume für die Reinerhaltung der Luft; sie stellte fest, wieviel Bäume in der Stadt wuchsen, wo der Baumbestand gefährdet war und wo noch Neuanpflanzungen möglich schienen. Mit den Ergebnissen wandte sie sich an die Stadtverwaltung. Biologieunterricht kann unmittelbar in Landschaftsschutz übergehen, wo die Umgebung des Schulortes Anlaß dafür bietet, und wenn es nur ein Mitwirken an der Säuberung des Stadtwaldes ist. Dabei ist wahrscheinlich mehr erreicht, als wenn die Schüler sich bei Demonstrationen für den Umweltschutz beteiligen, ohne die anstehenden Fragen beurteilen zu können.

An die Möglichkeiten eines *Ethik-Unterrichts* sei hier nur erinnert, weil über ihn in letzter Zeit mit konkreten Beispielen so viel gesprochen wurde (z. B. Günzler/Teutsch; Mauermann/Weber; Stachel/Mieth; Tschamler/Zöpfl). Anschließend an Kohlbergs Vorschläge hat man gelernt, nicht so sehr von allgemeinen Geboten oder Tugenden auszugehen, sondern konkrete Situationen im Alltag der Kinder zur Aussprache zu stellen (z. B. Günzler/Teutsch, S. 41) und bis in konkrete Handlungen und Aktionen weiterzuführen (ebd. S. 64). Wichtig scheint mir dabei, daß man diesen Ethik-Unterricht nicht dem Religions- und Ethiklehrer in seinen Fachstunden überlassen darf. Was hier gelernt wird, ist nichts Fachspezifisches, sondern Lebensvollzug. Dazu gibt es Anlässe im Sprach- und Sozialkundeunterricht, in den alltäglichen Konfliktsituationen, bei der Aufforderung, an irgendwelchen Aktionen mitzuwirken, und bei manchen zufälligen Gelegenheiten. Nur müssen diese Anlässe wahrgenommen werden – vom Lehrer oder noch besser: von den Schülern. Auch das kann man lernen.

3. Außerunterrichtliche Aktivitäten

Daß Schule nicht nur aus Unterrichtsstunden bestehen darf, ist inzwischen von vielen eingesehen worden; es liegen auch schon so viele Erfahrungen vor, wie dieser erweiterte Raum schulischen Lebens gestaltet werden kann, daß für die unterschiedlichsten örtli-

chen Bedingungen Anregungen gefunden werden können (z. B. Weber, 1979; Keck/Sandfuchs). Die zahlreichen Impulse sollen nicht wiederholt, sondern unter der hier gegebenen Zielsetzung nur ergänzt werden.
Die überzeugendsten Erfahrungen werden meist in Schulen mit einem individuellen Eigengepräge, in Ganztags- und Internatsschulen gemacht, aber solche Versuche brauchen nicht auf diese Schulen beschränkt zu bleiben.
Der Freizeitbereich der Ganztagsschule gibt den Lehrern Möglichkeiten, die Kinder in ihre eigene Liebhaberei mit hineinzuziehen. Der begeisterte Fotograf wird den Kindern nicht nur zeigen, wie man Filme entwickelt und Abzüge macht, sondern er wird sie mit der Kamera entdecken lassen, wie interessant und schön die übersehene Welt ringsum ist und wie man fotografierend so gestalten kann, daß das Übersehene entdeckt wird. In einer oberschwäbischen Schule ist ein Lehrer noch zugleich Imker; auch heutige Kinder gehen begeistert mit ihm und helfen bei allen Tätigkeiten. Im Bezug zu den Bienen lernen sie gewiß mehr als in der Biologiestunde.
In manchen Landerziehungsheimen wird nicht nur technische Elementarerziehung, sondern gestaltendes Handwerk neben dem Unterricht oder mit ihm verwoben gepflegt. In Kloster Wald werden etwa seit über zwei Jahrzehnten höhere Schülerinnen auch als Holzbildhauerinnen ausgebildet, nach strengen beruflichen Maßstäben mit Gesellenprüfung zum Abschluß. Sie haben in dem alten Gebäude, in dem die Schule untergebracht ist, wesentlich bei der Restaurierung mithelfen können. Wer so lernt, bekommt – wörtlich – ein „Fingerspitzengefühl" für Schönheit und Qualität.
Das ist aber nicht nur in Heim- und Modellschulen möglich. Die schon einmal genannte Ravensburger Hauptschule ist in einem ganz modernen Betonbau untergebracht. Wie so viele dieser Bauten war er vielleicht zweckmäßig, aber kühl-sachlich und wenig wohnlich. In einem solchen Bau konnte man sich kaum zu Hause fühlen. Inzwischen haben die Schüler ihre Schule farbig ausgemalt und – z. T. aus Abfallprodukten der Industrie – mit plastischen Formen ausgestaltet. Das ging natürlich nicht so, wie Kinder bisweilen mit freien Malereien die Betonrückwand des Fahrradständers oder einen Bauzaun verzieren; in diesem Fall mußte entworfen und geplant werden; verschiedene Gestaltungsformen wurden erprobt,

bis alles mit Genehmigung des städtischen Bauamts in die Tat umgesetzt werden konnte. Die Schüler waren dabei zwar auf die künstlerische Hilfe des Lehrers und seine Tatkraft und Organisationsfähigkeit angewiesen, aber für sie blieb noch ein weiter Raum, eigene Einfälle einzubringen und eigene Fähigkeiten zu erproben. Vor allem aber konnten sie erfahren, daß man auch ein solches Gebäude kalter Rationalität sich zu eigen machen und menschlicher gestalten kann.

Kinder, die bei den Heimatfesten ihrer Gemeinde mitfeiern dürfen, sind oft zu großen Anstrengungen bereit; sie lernen, sich in diese Gemeinde zu integrieren und zugleich sich von ihr in Anspruch nehmen zu lassen, um das gemeinsame Leben zu gestalten. Durch praktisch-soziales Tun kann das weitergeführt werden, so daß auch Jugendliche angesprochen sind. Da gibt es die Hausaufgabenhilfe für Ausländer und schwächer befähigte Kameraden im Jugendhaus; in den Ferien wird ein besonderes Spielangebot für jüngere Kinder gemacht, die daheim bleiben müssen. In manchen Gemeinden hat sich der Kummerkasten bewährt, wo Alte oder Hilfsbedürftige ihre Bitten hinterlegen, um jugendliche Helfer zu finden. Die Sozialpraktika in Krankenhäusern, Altenheimen oder wo immer junge Menschen gebraucht werden, können wichtige Erfahrungen und soziale Bereitschaft vermitteln. Eine besondere Bedeutung bekommen solche Aktionen, wenn langfristig Verantwortung übernommen wird. In einer Hauptschule gibt es eine eigene Sozial-Arbeitsgemeinschaft, die sich der Behinderten in der Umgebung annimmt. Es ist auch für einen Jungen eine grundlegende Erfahrung, einen Schwerbehinderten in seinem Rollstuhl auszufahren und für ihn die Besorgungen zu erledigen, die dieser nicht machen kann. Wenn andere Jugendliche vielleicht überrascht oder gar verständnislos gukken, muß man zu seiner Entscheidung stehen; man muß lernen, auch etwas zu tun, was mit der allgemeinen Rollenerwartung nicht übereinstimmt, wenn man es für richtig und notwendig hält. Das ist auch bei dem Erwachsenen, der sich in Anspruch nehmen läßt, nicht anders. Kurt Hahn hat von seinen Schulgründungen (z. B. Salem) aus die „Kurzschulen" als eigene Institutionen geschaffen, in denen der praktische Dienst am anderen in Erster Hilfe, Berg- oder Seenotrettungsdienst ein konstitutives Element ist. Das bietet natürlich noch besondere Erlebnisqualitäten; aber in der normalen Schule kann mindestens ein gewisses Äquivalent gefunden werden, das ähnliche Impulse für die menschliche Entwicklung des Schülers bietet.

Aber auch dort, wo die äußeren Schulbedingungen weniger günstig sind, läßt sich manches ermöglichen. Manche Schule verbindet ihr Schulfest schon mit einem Basar, dessen Erlös Notleidenden irgendwo in der Nähe oder in der fernen Welt zugute kommt. Wenn es nicht bei der einmaligen Geldsendung bleibt, sondern weiterhin Kontakt gepflegt wird, dürfte ein solcher Impuls nicht wirkungslos bleiben. Teutsch zählt bereits eine ganze Liste von einfachen bis zu anspruchsvolleren Vorhaben auf (in Auswahl): „Wir gestalten ein Bildfries zum Thema ‚Rücksicht im Straßenverkehr'; wir singen und spielen für unser Altersheim; wir suchen Ferienplätze für Haustiere; wir malen Postkarten mit dem Titel: ‚Wo man helfen kann' (diese Postkarten können dann bei passender Gelegenheit verkauft werden); wir sammeln Material zum Thema: ‚Wo man mitmachen kann' ... In Frage kommen z. B. verschiedene Jugendgruppen wie Jugendrotkreuz, Jugendtierschutz, Jugendfeuerwehr; wir fragen unsere Zeitung, ob sie uns helfen kann, einen Abnehmer für leere Flaschen zu finden, die wir sammeln und für Kinderdörfer, Sorgenkinder, Terre des Hommes oder Unicef verkaufen" (Günzler/Teutsch, S. 64). In anderen Orten werden sich andere Projekte finden lassen; entscheidend ist nur, daß Kinder und Jugendliche lernen, sich für eine selbst erkannte Aufgabe zu engagieren, und dabei die Erfahrung machen, daß solch ein Tun trotz aller Mühe Sinn und Glück in sich schließt.

Günzler und Teutsch berichten davon, daß sie 6 Jahre lang eine einzige Zeitung ausgewertet haben, um Berichte über solche Schul- und Schüleraktionen zu sammeln. Sie haben 45 Berichte zusammengetragen über Schülertätigkeiten für Kinder in Not, für Umweltschutz, für alte Leute, Ausländerfamilien, Leprakranke, Menschen in der Dritten Welt oder auch zur Rettung von Alleebäumen oder für ein Tierheim in der eigenen Stadt (S. 150). Es wäre vielleicht eine erste Aufgabe in einer Schule, ein solches Archiv anzulegen; wenn alle Schüler nicht nur die eine Heimatzeitung, sondern alle Zeitungen und Zeitschriften verfolgen, die sie zu Hause finden, kommt gewiß in einer absehbaren Zeit eine ganze Reihe von Anregungen zusammen. Ein solches Material kann auch im Sozialkundeunterricht ausgewertet werden; vor allem aber soll es Impuls für eigene Tätigkeit sein.

An dieser Stelle sei nur noch ein Beispiel aus dem oberfränkischen Selbitz genannt, weil es so viele Anlässe gibt, es nachzuahmen (aus: Schule und Wir, 1979, H. 3). Im Zuge des Ausbaus des Schulbusverkehrs mußten auch Wartehäuschen aufgestellt werden. Wie es darin oft nach kurzer Zeit aussieht, dürfte allgemein bekannt sein. In Selbitz kam man in einer Schule auf die Idee, daß man diese Wartehäuschen mit ihrer Umgebung auch zu landschaftlich schönen Kleinräumen umgestalten kann. Einige abwechselnd blühende Sträucher, ein Baum, eine Ruhebank, vielleicht etwas Rasen verändern diese oft verloren in der Gegend stehenden Häuschen grundlegend. Der Naturschutzverein spendete das erste Geld für die Bepflanzung, die Stadtverwaltung half mit, aber jeweils eine Schülergruppe übernahm ihr Häuschen, legte alles an und pflegte es – und verteidigte es gegen alle Schmutzfinken. Eine Jury kontrollierte die Ergebnisse regelmäßig, und für die Schülergruppen, die am besten abschnitten, gab es Preise, Freikarten für das Hallenbad und manches andere. Das Unternehmen dauert nun schon 6 Jahre und soll auch in Zukunft weitergeführt werden.

Aber auch für die Schule selbst, die Mitschüler und die kommenden Generationen, kann man tätig werden. Die Schülerbüchereien gewinnen eine immer größere Bedeutung; sie bieten nicht nur Bücher zur Unterhaltung und Information, sondern auch für die Arbeit in den Oberklassen der Schule. Die Schüler können sich in einer Bibliotheks-Arbeitsgemeinschaft engagieren und nicht nur bei Ausleihe und Pflege der Bücher helfen, sondern auch beim Aufbau einer Kartei: Wo findet man etwas besonders Geeignetes und Aufschlußreiches, wenn man etwa für ein Referat über irgendein Thema etwas sucht? Auch der einzelne Lehrer kann das nicht immer wissen. In einer Schule ist man noch einen Schritt weiter gegangen: Die Schüler haben in den Zeitschriften, die sie bekommen konnten, besonders interessante Aufsätze und Bildmaterial gesammelt und so ein eigenes Archiv zu verschiedenen Themenbereichen angelegt. Wie man so etwas plant, hängt natürlich von der Schulart und den Interessenbereichen ab; aber gerade im Zuge der Ausgestaltung der Hauptschulen, die nicht so unter dem fachlichen Stoffdruck leiden, sind solche Aktivitäten durchaus möglich. Die Schulverwaltung sollte sich überlegen, ob sie nicht Schulen, die zu solchen Aktivitäten bereit sind, einen Lehrer mehr zuteilen kann, als ihnen nach dem normalen Schlüssel zukämen. Das bringt für diese Schule schon 12 bis 13 zweistündige Arbeitsgemeinschaften, an denen sich natürlich alle Lehrer beteiligen müssen. Dieser Versuch an der mehrfach erwähnten Ravensburger Hauptschule hat sich jedenfalls bewährt.

Ein letzter Gedanke sei in diesem Zusammenhang noch angefügt: In den letzten 15 Jahren haben wir es verlernt, etwas festlich zu feiern. Natürlich gibt es die Oberstufentanzfête oder das übliche Schulfest, und sie sollen auch bleiben. Aber alles Feierliche haben wir beiseite geschoben, vielleicht weil es zwischen Kammermusik und hinter Lorbeerbäumen zum Ritus entartet und lebensfern geworden war. Aber damit ist auch etwas Wesentliches verlorengegangen. Bei der Feier wird der Blick auf etwas gelenkt, das es wert ist, beachtet und hochgeschätzt zu werden, das im Alltagsgeschäft und -getriebe nicht untergehen darf. Zustimmung zur Wirklichkeit mündet in ihrer Hochform in festliche Feier ein. So kann man durchaus schon den Geburtstag feiern in gemeinsamer Freude über das Leben, das uns bzw. den anderen geschenkt ist. Aber auch das Frühlingsfest, mindestens in ländlichen Gegenden das Erntedankfest, der Muttertag, auch das Heimatfest können einen solchen Sinn bekommen und brauchen nicht in dem Betrieb von „Fest"zelten unterzugehen. Vor allem im religiösen Bereich gibt es noch den Glaubensgehalt, an den man feiernd erinnert, auch wenn er heute meist durch den Rummel überdeckt wird. Gerade die freien katholischen und evangelischen Schulen hätten die Aufgabe, die heutige Jugend wieder für die Feier zu gewinnen. Wie schwierig das ist und daß dazu neue Formen gefunden werden müssen, wissen wir alle. Aber es scheint, daß das heute wieder eher möglich ist als vor zehn Jahren.

4. Die Schulorganisation

Bei allem bisher Gesagten ist deutlich geworden, daß die vorgeschlagenen Erziehungsziele eine entsprechende Schulorganisation erfordern. Von Hentig, der schon früh die Schule als Erfahrungs- und Lebensraum gesehen hat und auch heute noch wenigstens eine Entwicklung in diese Richtung fordert, wenn das Ziel schon nicht voll erreichbar ist (S. 99), hat in seinem Buch „Was ist eine humane Schule?" dazu zahlreiche Vorschläge gemacht. Die „Größe der Lebenseinheit" scheint ihm dabei der wichtigste Faktor. „Das

Maß der Bielefelder Laborschule und des Oberstufen-Kollegs war . . .: alle Lehrer sollten noch um einen Tisch herumsitzen können, sich über die Schüler unterhalten (die sie kennen müssen) und gemeinsam für einen unteilbaren Erziehungsprozeß Verantwortung tragen" (S. 115). Auch strikte Befürworter der Gesamtschule wie Oskar Negt sagen heute: „Nach unseren Erfahrungen ist eine Schuleinheit, die mehr als 150-200 Schüler und die entsprechenden Lehrer umfaßt, im pädagogischen Sinne nicht mehr produktiv funktionsfähig" (S. 159). 1967 glaubte man, jeder Jahrgang müsse mindestens 120 (!) Schüler haben, um differenzierten Gesamtschulunterricht anbieten zu können (Sander/Rolff/Winkler, S. 217). Zwar möchte Negt die Gesamtschulen nicht aufgeben, er will aber in ihnen kleine Einheiten schaffen.
Über die Bedeutung der kleinen Klassen, über die Aufgabe des Klassenlehrers braucht nach der allgemeinen Diskussion kaum noch etwas gesagt zu werden. Auch die über Jahre zusammenbleibende Klassengemeinschaft, mit der vor allem die Waldorfschulen gute Erfahrungen gemacht haben, hat ihre Bedeutung, weil man erst in der gefügten, durch Erlebnisse verbundenen Gruppe menschlich Rückhalt findet und etwas unternehmen kann, was über den Lernbetrieb hinausreicht. Wer sich der Wirklichkeit in der geschilderten Weise zuwenden will, muß eine stoffliche Entlastung des Unterrichts fordern. Zwar läßt sich der Stoff nicht, wie Affemann fordert, auf ein Drittel zusammenstreichen; damit lassen sich weder die notwendigen funktionalen Ziele der Schule erreichen noch Bezüge zu den geistigen Gehalten unserer Kultur herstellen. Aber eine Entlastung ist notwendig, damit die Organisation der intendierten Lernprozesse ermöglicht wird.
Es war davon die Rede, daß die Schule im Ort verwurzelt sein soll, damit der Schüler diese Verwurzelung lernen kann. Daß wir andererseits nicht jedem Dorf eine Schule geben können, ist inzwischen auch allgemein anerkannt. Es ist aber, abgesehen von den Verkehrsproblemen, zu fragen, wie groß der Einzugsbereich einer Schule in den verschiedenen Altersstufen sein darf, wenn die Verbindung mit dem heimatlichen Lebensraum gewahrt bleiben soll.
Das wirkt sich auch auf die Gliederung des Schulwesens aus. Der Umstieg der Elfjährigen auf die entfernte Realschule oder auf das Gymnasium ist nicht unbedingt wünschenswert. Man kann den Eltern aber nur erfolgreich raten, den Schüler zur Hauptschule zu

schicken, wenn es allen klar ist, daß der befähigte Schüler auch später über den beruflichen Bildungsweg und Fachschulen jede gewünschte Abschlußposition erreichen kann. Diese Durchstiegsmöglichkeit ist viel wichtiger als das Umsteigen in der Mittelstufe. Manche Landerziehungsheime und die Waldorfschulen führen zunächst schwerpunktmäßig zu einer Fachhochschulreife und nehmen in Kauf, daß die Schüler bis zur vollen Hochschulreife vielleicht ein Jahr länger brauchen. Es ist zu fragen, ob dieser letzte Durchstieg dort nicht noch organischer gestaltet werden kann; was wirklich für die Studierfähigkeit notwendig ist, wissen wir ja noch gar nicht. Dann könnten wir auch von diesen Schulen manche Erfahrung übernehmen, um die jungen Menschen, unabhängig von der Wahl der Schulart im 5. Schuljahr, zu ihrem angemessenen Ziel zu führen.

Eine weitere, allerdings meist noch ungelöste Frage, die in unserem Zusammenhang größte Bedeutung hat, ist die Mitwirkung der Schüler. An den normalen Halbtagsschulen ist das Betätigungsfeld der SMV oder wie immer sie heißt in der Regel so begrenzt, daß sie für die Schüler nicht attraktiv ist. Man sieht nicht die Notwendigkeit dieses Einsatzes oder – mit den in diesem Buch immer wieder gebrauchten Worten: man fühlt sich nicht in Anspruch genommen. Aber gerade dieses Erfahrungsfeld könnte eine solche Anspruchserfahrung vermitteln. Gewiß haben es Ganztags- und Internatsschulen wiederum leichter, für wirklich dringende Aufgabenbereiche auf die Mitwirkung der Schüler zu bauen; je mehr der Lebensbereich außerhalb des reinen Fachunterrichts ausgebaut ist, desto mehr Tätigkeitsfelder bieten sich an, ja drängen sich auf. Aber diese Erkenntnis kann auch die Normalschule nicht von der Frage entlasten, wie sie den Schülern solche Anspruchserfahrungen vermitteln kann. Die wenigen Schülerfunktionäre in den Entscheidungsgremien können diese Erfahrungen nicht stellvertretend für alle anderen machen.

Das ist um so leichter zu erreichen, je mehr es einer Schule gelingt, ein eigenes Profil zu gewinnen, so daß sich auch der Schüler mit „seiner Schule" identifizieren kann. Wie man in Essen stolz ist, bei Krupp, oder in Stuttgart, bei Mercedes zu arbeiten, so kann es auch aus verschiedenen Motiven eine Identifizierung mit der eigenen Schule geben. Freie Schulen, Heimschulen, Traditionsgymnasien haben das Profil meist schon aus der besonderen Konzeption oder aufgrund eines Generationen überdauernden Rufes; aber es geht nicht darum, ein Elitebewußtsein zu züchten oder zu pflegen, sondern darum, daß in der gemeinsamen Arbeit von Lehrern, Schülern und Eltern die jeweilige Schule ihr eigenes Gesicht bekommt – durch die Kooperation, die in ihr lebendig ist, durch besondere Angebote und Aktivitäten, wozu die Schulverwaltung Unterstützung gewähren muß, durch die Feste, die man gemeinsam feiert, durch das Engagement in der Gemeinde oder was es auch sei. Das geht natürlich kaum in riesigen Schulkombinaten, aber es geht in weit mehr Schulen, als es scheint.

Schließlich ist auch an den äußeren Bau der Schulen zu denken, wenn man die für notwendig gehaltenen Erziehungsziele erreichen will. Wer kleinere Lebenseinheiten – auch in Gesamtschulen – fordert, muß das in der räumlichen Gliederung der Gebäude zum Ausdruck bringen. Fachräume sind in einigen Fächern unvermeidlich, aber das ständige Umherziehen der Klassen im Gebäude, wobei man in der Pause die Mappen irgendwo im Flur deponiert, kann keine Beheimatung der Schüler in ihrer Schule fördern. Auch hier hat man unter dem Eindruck der Zielvorstellung „Wissenschaftorientierung" zuviel getan: Die Spezialausstattung mancher Fachräume für perfekte Stofferarbeitung ist, erzieherisch gesehen, weniger wert als der Klassenraum, in dem man sich zu Hause fühlt. Daß wir vor allem in der Grundschule noch viele neue Ideen in bauliche Wirklichkeit umsetzen müssen, um den Kindern einen Klassen-Wohnraum mit verschiedenen Untergliederungen zu bieten, wird inzwischen allgemein eingesehen (vgl. Conolly-Smith).

Manche der bereits genannten Aufgaben können nur angegangen und gelöst werden, wenn die baulichen Voraussetzungen gegeben sind: Schulgarten, Werkstätten, Freizeitbereich. Gerade bei Waldorfschulen kann man studieren, wie konsequent bestimmte pädagogische Grundideen den Bau der Schule bis in die Winkelmaße der Gebäude und Fenster bestimmen. Man braucht nicht diese pädagogischen Ideen und Bauvorschriften zu übernehmen; aber ein Schulbau ist immer Stein- (oder: Beton-) gewordene erzieherische Konzeption. Wenn man beginnt, die Schulbauten unter diesem Gesichtspunkt zu deuten, möchte man nicht nur manchen Altbau, sondern auch viele Neubauten wieder abreißen; mindestens müßten sie umgestaltet werden.

Vor allem aber muß man an die Lehrer in dieser Schule denken.

Kleinere Klassen und in Zukunft gewiß auch verminderte Wochenstundenzahlen geben mehr Freiraum, so daß man eher als bisher solche Aktivitäten erwarten kann, wie sie notwendig sind, wenn man die genannten Ziele anstrebt. Aber auch in Zukunft wird es sinnvoll sein, bei der Zuteilung der Lehrer nicht allzu sehr mit Stundenzahlen zu geizen. Wenn eine Schule bereit ist, sich in vielfältigen Arbeitsgemeinschaften und Aktivitäten zu engagieren, dann sollte ihr es durch eine entsprechende Lehrerzuweisung ermöglicht werden. Oft genügt es ja schon, daß die zugeteilten Lehrer nur davon entlastet werden, etliche Stunden noch an einer anderen Schule geben zu müssen. Die Zahl der Lehrer, die beschäftigungslos auf eine Anstellung warten, dürfte solche Entscheidungen erleichtern; erst recht gilt das, wenn der sog. „Schülerberg" einmal die Schulen verlassen hat und man bei den kleineren Jahrgängen nicht mehr weiß, wie man die Beschäftigung aller Lehrer vor Finanzministern und Öffentlichkeit vertreten soll.

Schlußgedanken

Die in den beiden letzten Kapiteln dargestellten Ziele sind Postulate, die dem Autor nach den Erfahrungen der letzten Zeit notwendig erscheinen. Es kommt jetzt allerdings auf die nächsten Schritte an: Im Diskurs miteinander muß man versuchen, Verständnis und Zustimmung für diese Ziele zu finden; erst bei einem im Lehrerkollegium, bei Eltern und Schülern und in der Öffentlichkeit erreichten Konsens können Schulen mit solcher Zielsetzung wirken. Man muß vorsichtig sein, die normsetzende Kraft staatlicher Institutionen zu früh einzusetzen; die Erfahrungen mit der rein wissenschaftsorientierten und der emanzipatorischen Schule mahnen zur Zurückhaltung. Es besteht durchaus die Gefahr, daß heute nun im Zuge der „Pädagogisierung der Schule" mit einem nicht genügend reflektierten „Mut zur Erziehung" wiederum ein detaillierter Zielkatalog vorgeschrieben und eine Schulreform durchgepaukt wird, deren Probleme wir vielleicht bald erkennen. Andererseits braucht man wenigstens eine Unterstützung und Förderung durch den Staat und die anderen Schulträger, wenn man Zielvorstellungen in schulische Wirklichkeit umsetzen will. Man braucht sie unausweichlich, wenn festgeschriebene, aber fragwürdig gewordene Lehrpläne und andere Vorschriften wieder geändert oder Lehrer zugeteilt werden müssen. Auch in diesem Bereich gilt: man sollte real mögliche Verbesserungen zu erreichen suchen, vom Staat aber nicht die machtvolle Durchsetzung einer – scheinbar – idealen Schule verlangen.
Notwendig ist gewiß auch die wissenschaftliche Prüfung solcher Ziele (vgl. Kap. I). Manche Zielbeschreibung ist noch zu vage; die anthropologischen Implikationen sind zu bedenken; es ist die Frage, ob man zu logisch überzeugenden Begründungen der Ziele kommen kann oder ob sich bei solchen Versuchen herausstellt, daß sich Korrekturen aufdrängen. Dieser Prüfungsprozeß ist nie endgültig abgeschlossen; aber man kann ebensowenig wie zu allen anderen Zeiten auf die Ergebnisse dieser Prüfung warten, bis man mit der Schul- und Erziehungspraxis beginnt. Menschen handeln als Erzieher (und als Schulorganisatoren) immer, das sei unterstellt, aus ihrer besten Überzeugung heraus; Überzeugungen bilden sich aber nicht erst aufgrund wissenschaftlicher Analysen und Begründun-

gen. Es ist schon viel gewonnen, wenn die Erzieher diese überhaupt, soweit sie jeweils vorliegen, zur Kenntnis nehmen und sich dadurch auch korrigieren lassen.

Vielleicht sind die Schulen, die von relativ übereinstimmenden Elterngruppen geschaffen und getragen werden, am ehesten in der Lage, Erfahrungen unter diesen Zielvorstellungen zu sammeln. Von ihnen könnten dann alle anderen vorurteilsfrei lernen, auch wenn sie diese Schule nicht kopieren können und wollen.

Literaturverzeichnis

Affemann, Rudolf: Der Mensch als Maß der Schule. Freiburg, Basel, Wien 1979. (Herderbücherei. 702.) Orig. Ausg.: Lernziel Leben. Stuttgart 1976.
Allgemeine Erklärung der Menschenrechte. In: Hartung, Fritz (Hrsg.): Die Entwicklung der Menschen- und Bürgerrechte von 1776 bis zur Gegenwart. 4. Aufl. Göttingen 1972.
Ballauff, Theodor: Systematische Pädagogik. 2. Aufl. Heidelberg 1966.
Beck, Johannes u. a.: Erziehung in der Klassengesellschaft. München 1970.
Becker, Gerold: Soziales Lernen als Problem der Schule. In: Lohmann, Christa (Hrsg.): Schule als soziale Organisation. Bad Heilbrunn 1978.
Bollnow, Otto Friedrich: Einfache Sittlichkeit. Göttingen 1947.
Bollnow, Otto Friedrich: Existenzphilosophie und Pädagogik. Stuttgart 1959. (Urban-Bücher 40.)
Breslauer, Klaus u. a. (Hrsg.): Werterziehung als Auftrag der Schule. Hannover 1978. (Auswahl, Reihe B. 94.)
Brezinka, Wolfgang: Grundbegriffe der Erziehungswissenschaft. München, Basel 1974. (UTB. 332.)
Brunnhuber, Paul/Zöpfl, Helmut: Erziehungsziele konkret. Erziehung zum kritischen Ja. Donauwörth 1975.
Buber, Martin: Ich und Du. In: Werke. Bd. 1. München, Heidelberg 1962. S. 77-170.
Bund-Länder-Kommission für Bildungsplanung: Bildungsgesamtplan. Bd. 1. Stuttgart 1973.
Conolly-Smith, Elisabeth M.: Anregungskonstellationen zum Spielen. In: Deutscher Bildungsrat (Hrsg.): Die Eingangsstufe des Primarbereichs. Bd. 2/1: Spielen und Gestalten. Stuttgart 1975. (Gutachten und Studien der Bildungskommission. 48/1.)
Dahrendorf, Ralf: Lebenschancen. Anläufe zur sozialen und politischen Theorie. Frankfurt 1979. (Suhrkamp-Taschenbücher. 559.)
Deutscher Ausschuß für das Erziehungs- und Bildungswesen: Empfehlungen und Gutachten. Gesamtausgabe. Stuttgart 1966.
Deutscher Bildungsrat: Strukturplan für das Bildungswesen. Stuttgart 1970. (Empfehlungen der Bildungskommission.)
Deutscher Bildungsrat: Zur Neuordnung der Sekundarstufe II. Stuttgart 1974. (Empfehlungen der Bildungskommission.)
Deutsches Institut für Bildung und Wissen: Gesamtplan zur Neuordnung des deutschen Bildungswesens. Frankfurt 1964.
Dienst, Karl: Menschenbilder und Pädagogik. In: Deutscher Evang. Frauenbund (Hrsg.): Einstellung zum Kind – Problem unserer Gesellschaft. Hannover 1979.
Ebert, Wilhelm: Für mehr Werterziehung in der Schule. In: Forum E 32 (1979), S. 100.
Edding, Friedrich: Ökonomie des Bildungswesens. Lehren und Lernen als Haushalt und als Investition. Freiburg 1963.

Eggersdorfer, Franz Xaver: Jugenderziehung. München 1962.
Eisermann, Walter: Zur Dimension des Gewissens im Unterricht. In: Kürzdörfer, Klaus (Hrsg.): Gewissensentwicklung und Gewissenserziehung. Bad Heilbrunn 1978. S. 62-80.
Fendt, Franz: Aufriß eines deutschen Bildungsplanes. München 1946. (Kultur und Politik. H. 3.)
Filbinger, Hans: Landtagsrede vom 26. 1. 78. In: Kultus und Unterricht, 15. 2. 1978. S. N59-N64.
Flitner, Andreas: Mißratener Fortschritt. Pädagogische Anmerkungen zur Bildungspolitik. München 1977.
Flitner, Andreas: Eine Wissenschaft für die Praxis? In: Zeitschrift für Pädagogik 24 (1978) H. 2, S. 183-193.
Flitner, Wilhelm: Ist Erziehung sittlich erlaubt? In: Zeitschrift für Pädagogik 25 (1979) H. 4, S. 499-504.
Frankl, Viktor E.: Der Mensch auf der Suche nach Sinn. 5. Aufl. Freiburg, Basel, Wien 1976. (Herderbücherei. 430.)
Frankl, Viktor E.: Das Leiden am sinnlosen Leben. Psychotherapie für heute. 3. Aufl. Freiburg, Basel, Wien 1978. (Herderbücherei. 615.)
Fromm, Erich: Haben oder Sein. Die seelischen Grundlagen einer neuen Gesellschaft. Stuttgart 1976.
Giesecke, Hermann: Einführung in die Pädagogik. München 1969.
Giesecke, Hermann: Bildungsreform und Emanzipation. Ideologiekritische Skizzen. München 1973.
Giesecke, Hermann: Vom Gebildeten zum Disponiblen? In: Ders. (Hrsg.): Ist die bürgerliche Erziehung am Ende? München 1977.
Grimme, Adolf: Zum Neubau des Schulwesens. In: Die Schule 1 (1946) H. 2/3, S. 12-26. – anonym veröffentlicht.
Günther, Henning/Willeke, Clemens/Willeke, Rudolf: Grundlegung einer bejahenden Erziehung. München 1977.
Günzler, Claus/Teutsch, Gotthard M.: Erziehen zur ethischen Verantwortung. Freiburg, Basel, Wien 1980. (Herderbücherei Pädagogik. 9077.)
Hamann, Bruno: Das Problem der Normativität in der modernen Erziehungswissenschaft. Würzburg 1979.
Hammer, Gerhard: Die Begründung der Erziehungsziele. Grundzüge einer Philosophischen und Pädagogischen Anthropologie. Freiburg, Basel, Wien 1979.
Hanisch, Peter: Die Auswirkungen positiver Lehrereinstellungen auf Schüler. Kastellaun 1978.
Haug, Hans-Jürgen/Maessen, Hubert: Was wollen die Schüler? Politik im Klassenzimmer. Frankfurt 1969. (Fischer-Bücherei. 1013).
Heid, Helmut: Begründbarkeit von Erziehungszielen. In: Zeitschrift für Pädagogik 18 (1972) H. 4, S. 551-581.
Hentig, Hartmut von: Was ist eine humane Schule? 2. Aufl. München, Wien 1977.
Hessische Kultusminister, Der (Hrsg.): Rahmenrichtlinien Sekundarstufe I. Gesellschaftslehre. Wiesbaden 1972.
Hessische Kultusminister, Der: Die Allgemeine Grundlegung der Hessi-

schen Rahmenrichtlinien. In: Bildungspolitische Informationen (1978) H. 2, S. 18-32.
Kant, Immanuel: Grundlegung der Metaphysik der Sitten. Leipzig 1945. (Philosophische Bibliothek. Bd. 41.) − Seitenzahlen nach der Akademieausgabe.
Keck, Rudolf W./Sandfuchs, Uwe (Hrsg.): Schulleben konkret. Zur Praxis einer Erziehung durch Erfahrung. Bad Heilbrunn 1979.
Kerstiens, Ludwig: Die höhere Schule in den Reformplänen der Nachkriegszeit. In: Zeitschrift für Pädagogik 11 (1965), S. 538-561.
Kerstiens, Ludwig: Der gebildete Mensch. Freiburg, Basel, Wien 1966.
Kerstiens, Ludwig: Modelle emanzipatorischer Erziehung. 2. Aufl. Bad Heilbrunn 1975.
Kerstiens, Ludwig: Erziehungsziele − neu befragt. Bad Heilbrunn 1978.
Kerstiens, Ludwig: Wertproblematik und Zielbegründung in Erziehungswissenschaft und praktischer Pädagogik. In: Pöggeler, Franz (Hrsg.): Grundwerte in der Schule. Freiburg, Basel, Wien 1980. S. 55-83.
Klafki, Wolfgang: Engagement und Reflexion im Bildungsprozeß (1962). In: Ders.: Studien zur Bildungstheorie und Didaktik. Weinheim 1963. S. 46-71.
Klafki, Wolfgang u. a.: Funkkolleg Erziehungswissenschaft. Bd. 2. Frankfurt 1970. (Fischer-Bücherei 6107.)
Klafki, Wolfgang u. a.: (Hrsg.): Probleme der Curriculumentwicklung. Frankfurt, Berlin, München 1972.
Klafki, Wolfgang: Zum Verhältnis von Didaktik und Methodik. In: Zeitschrift für Pädagogik 22 (1976) H. 1, S. 77-94.
Klink, Job-Günter (Hrsg.): Aktuelle Bildungsprogramme. Bad Heilbrunn 1972.
Klink, Job-Günter: Klasse H 7e. Aufzeichnungen aus dem Schulalltag. Bad Heilbrunn 1974.
Knab, Doris: Möglichkeiten und Grenzen eines Beitrags der Curriculum-Forschung zur Entwicklung von Bildungsplänen. In: Reform von Bildungsplänen. Grundlagen und Möglichkeiten. Frankfurt 1969.
König, Eckhard: Theorie der Erziehungswissenschaft. Bd. 2: Normen und ihre Rechtfertigung. München 1975.
Kommission „Anwalt des Kindes": Empfehlungen, Stuttgart 1976. In: Lehren und Lernen (1976). H. 4, S. 1-43.
Kultusministerium Baden-Württemberg: Bildungsplan für Grundschulen. In: Kultus und Unterricht, Lehrplanheft 3/1977.
Lempert, Wolfgang: Bildungsforschung und Emanzipation. In: Ulich, Dieter (Hrsg.): Theorie und Methode der Erziehungswissenschaft. Weinheim 1972. S. 479-498.
Lieth, Elisabeth von der: Die Lehrer. Was ist eine humane Schule? Bensberg 1977. (Bensberger Manuskripte. Nr. 9. Thomas-Morus-Akademie.)
Litt, Theodor: Das Bildungsideal der deutschen Klassik und die moderne Arbeitswelt. 4. Aufl. Bonn 1957. (Bundeszentrale Heimatdienst. H. 15).
Lohrer, Konrad: Oberste Bildungsziele im Unterricht. Didaktische Anregungen für eine erziehende Schule. München 1979.

Mager, Robert F.: Lernziele und Programmierter Unterricht. 9. Aufl. Weinheim 1969.
Maier, Karl Ernst (Hrsg.): Die Schule in der Literatur. Bad Heilbrunn 1972.
Marcuse, Herbert: Der eindimensionale Mensch. Neuwied 1967.
Mauermann, Lutz/Weber, Erich (Hrsg.): Der Erziehungsauftrag der Schule. Donauwörth 1978.
Maunz, Theodor: Bildungsziele der Bayerischen Verfassung. In: Tschamler, Herbert/Zöpfl, Helmut (Hrsg.): Sinn- und Wertorientierung als Erziehungsauftrag der Schule. München 1978. S. 93-98.
Mehnert, Klaus: Jugend im Zeitbruch, woher – wohin? Stuttgart 1976.
Messerschmid, Felix: Ansätze zu einer christlichen Pädagogik 1945-1975? In: Pöggeler, Franz (Hrsg.): Perspektiven einer christlichen Pädagogik. Freiburg, Basel, Wien 1978. S. 26-52.
Messner, Rudolf: Planung des Lehrers und Handlungsinteressen der Schüler im offenen Unterricht. In: Westermanns Pädagogische Beiträge 30 (1978) H. 4, S. 145-150.
Messner, Rudolf: Was heißt: Wissenschaftsorientierter Unterricht für alle? In: Westermanns Pädagogische Beiträge 30 (1978) H. 6, S. 219-225.
Meves, Christa: Manipulierte Maßlosigkeit. 17. Aufl. Freiburg, Basel, Wien 1976. (Herderbücherei. 401.)
Mollenhauer, Klaus/Rittelmeyer, Christian: Einige Gründe für die Wiederaufnahme ethischer Argumentation in der Pädagogik. In: Die Theorie-Praxis-Diskussion in der Erziehungswissenschaft. Zeitschrift für Pädagogik, 15. Beiheft, 1978, S. 79-85.
Muschalek, G.: Selbstverwirklichung in christlicher Theologie und Gesundheitsbildung. In: Christophorus 24 (1979) H. 2, S. 4-11.
Mut zur Erziehung (Vorträge und Resolution). Stuttgart 1978.
Negt, Oskar: Wie ist die Gesamtschule als die künftige Massenschule noch zu retten? In: Giesecke, Hermann (Hrsg.): Ist die bürgerliche Erziehung am Ende? München 1977.
Neulinger, Klaus U.: Muß die Schule krank machen? Freiburg, Basel, Wien 1978. (Herderbücherei Pädagogik. 9060).
Otto, Gunter: Didaktik der ästhetischen Erziehung. Ansätze, Materialien, Verfahren. Braunschweig 1974.
Picht, Georg: Die deutsche Bildungskatastrophe. Olten, Freiburg 1964.
Pieper, Josef: Muße und Kult. 6. Aufl. München 1961.
Pieper, Josef: Zustimmung zur Welt. Eine Theorie des Festes. München 1963.
Prohaska, Leopold: Pädagogik der Begegnung. Entwurf einer ganzheitlichen Erziehungslehre. Freiburg, Basel, Wien 1961.
Rist, Georg/Schneider, Peter: die Hiberniaschule. Von der Lehrwerkstatt zur Gesamtschule. Reinbek 1977. (rororo. 7136.)
Robinsohn, Saul B.: Bildungsreform als Revision des Curriculum (1967). 5. Aufl. Neuwied 1975.
Rössner, Lutz: ‚Emanzipatorische Didaktik' und Entscheidungslogik. In: Zeitschrift für Pädagogik 18 (1972) H. 4, S. 599-617.
Rülcker, Christoph/Rülcker, Tobias: Soziale Normen und schulische Erziehung, Heidelberg 1978.

Ruhloff, Jörg: Das ungelöste Normenproblem der Pädagogik. Heidelberg 1980.
Sander, Theodor/Rolff, Hans-G./Winkler, Gertrud: Die demokratische Leistungsschule. Zur Begründung und Beschreibung der differenzierten Gesamtschule. Hannover 1967. (Auswahl, Reihe B. 11/12.)
Scheel, Walter: Mut zur kritischen Sympathie – Küng, Hans: Heute noch an Gott glauben. Zwei Reden. München/Zürich 1977.
Schmid, Carlo: Das humanistische Bildungsideal. Frankfurt 1956.
Schnippenkötter, Josef: Zum Nordwestdeutschen Schulplan. Bonn 1947. (Bildungsfragen der Gegenwart. H. 15.)
Schulgesetz für Baden-Württemberg. Erläuterte Textausgabe von Herbert Hochstetter und Eckart Muser. 13. Aufl. Stuttgart 1977.
Schwan, Alexander: Wende in der Bildungspolitik. In: Mut zur Erziehung. Stuttgart 1978.
Spaemann, Robert: Christliche Erziehung in der Sicht der christlichen Schule. In: Marchtaler Beiträge (1978) H. 1, S. 11-22.
Staatsinstitut für Schulpädagogik: Oberste Bildungsziele in Bayern. München (Arabellastr. 1) 1979.
Stachel, Günter/Mieth, Dietmar: Ethisch handeln lernen. Zürich 1978.
Staudinger, Hugo/Behler, Wolfgang: Chance und Risiko der Gegenwart. Paderborn 1976.
Steinbuch, Karl: Über unsere Zukunft. An den Grenzen der Aufklärung. In: Report (1979) Nr. 1, S. 7.
Teutsch, Gotthard M.: Beitrag zur Diskussion heutiger und künftiger Erziehungsziele. In: Lehren und Lernen (1977) H. 1. – Zit. nach Sonderdruck des Archivs für hodegetische Forschung, Päd. Hochschule Karlsruhe.
Teutsch, Gotthard M.: Die Vermittlung sozialverantwortlicher Einstellung im Schulgeschehen. In: Mauermann, Lutz/Weber, Erich (Hrsg.): Der Erziehungsauftrag der Schule. Donauwörth 1978.
Tournier, Paul: Geborgenheit – Sehnsucht der Menschen. 3. Aufl. Freiburg, Basel, Wien 1973. (Herderbücherei 399.)
Tröger, Walter: Erziehungsziele. 2. Aufl. München 1977.
Tschamler, Herbert/Zöpfl, Helmut (Hrsg.): Sinn und Wertorientierung als Erziehungsauftrag der Schule. München 1978.
Ulich, Dieter: Soziale Beziehungen und Probleme der Macht in pädagogischen Interaktionen. In: Böhm, Winfried (Hrsg.): Der Schüler. Bad Heilbrunn 1976.
Voß, Reinhard: Der Schüler in einer personorientierten Schule. Bad Heilbrunn 1978.
Wandel, Fritz: Macht die Schule krank? Probleme einer Sozialpathologie der Schule. Heidelberg 1979.
Weber, Erich: Aktuelle und prinzipielle Überlegungen zum Erziehungsauftrag der Schule. In: Mauermann, Lutz/Weber, Erich (Hrsg.): Der Erziehungsauftrag der Schule. Donauwörth 1978.
Weber, Erich: Das Schulleben und seine erzieherische Bedeutung. Donauwörth 1979.
Wellendorf, Franz: Zur Situation des höheren Schülers in Familie und Schu-

le. In: Liebel, Manfred/Wellendorf, Franz: Schülerselbstbefreiung, 4. Aufl. Frankfurt 1971.

Westphalen, Klaus: Bildung und Erziehung im Curriculum der modernen Schule. In: Staatsinstitut für Schulpädagogik (Hrsg.): Plädoyer für Erziehung. Donauwörth 1975. S. 57-75.

Wilhelm, Theodor: Theorie der Schule. Hauptschule und Gymnasium im Zeitalter der Wissenschaften. Stuttgart 1967.

Zimmerli, Walther Ch. u. a. (Hrsg.): Die ‚wahren' Bedürfnisse oder: Wissen wir, was wir brauchen?, Basel, Stuttgart 1978. (Philosophie aktuell. 11.)

Zöpfl, Helmut/Bichler, Albert: Reflexionen zu einer Neubesinnung unserer Schule. In: Tschamler, Herbert/Zöpfl, Helmut (Hrsg.): Sinn und Wertorientierung als Erziehungsauftrag der Schule. München 1978.

Gerhard Hammer
Zur Freiheit fähig?
Eine humanwissenschaftliche Untersuchung.
128 Seiten, Bestell-Nr. 18275

Der Autor stellt hier menschliches Freiheitsstreben und -ideal in den Kontext gesellschaftlicher Wirklichkeit und individuellen Erziehungsschicksals. Komplexe metaphysische Sachverhalte und abstrakte Begriffe werden auf die Ebene übertragen, auf der sie für jeden einzelnen ganz konkrete Bedeutung haben, und damit eine neue Sicht der Freiheitsproblematik speziell für die Erziehungs- und Sozialwissenschaften erschlossen.

Gerhard Hammer
Die Begründung der Erziehungsziele
Grundzüge einer Philosophischen und
Pädagogischen Anthropologie.
111 Seiten, Bestell-Nr. 18847

Vor dem Hintergrund der aktuellen Diskussion setzt sich Gerhard Hammer mit der Begründungsproblematik von Erziehungszielen auseinander. Als Belege zieht er die Grundaussagen Pädagogischer und Philosophischer Anthropologie sowie die Ergebnisse moderner sozial- und humanwissenschaftlicher Forschung heran, um sie einander gegenüberzustellen und schließlich die erziehungsphilosophische, ethische Begründung der anzustrebenden Ideale abzuleiten. So vermittelt das Buch Maßstäbe in der Unsicherheit über die Wertausrichtung erzieherischen Handelns und hilft zur Klärung der Standorte, vor allem auch in Konfliktfällen und Auseinandersetzungen um die „richtigen" Erziehungsziele.

Verlag Herder Freiburg · Basel · Wien

Wörterbuch der Pädagogik

Wörterbuch der Pädagogik
3 Bände, ISBN 3-451-17641-6

Die Stichwörter des „Wörterbuch der Pädagogik" sind acht Fachgebieten zugeordnet, die jeweils durch einen Fachleiter verantwortlich betreut werden.

In über 500 Stichwörtern und auf 1.130 Seiten bietet das „Wörterbuch der Pädagogik" einen umfassenden Überblick über den heutigen Stand der Erziehungswissenschaft, ihre Grundbegriffe und ihre Partnerwissenschaften. Die über 300 Mitarbeiter aus dem Einzugsbereich von 51 Hochschulen im deutschsprachigen Raum garantieren für Information über alle wesentlichen Richtungen und Ansätze, für Pluralität und Mehrperspektivität der Darstellung, für Vielseitigkeit und Anregung zum Dialog zwischen Theorie und Praxis.

Dabei ist das „Wörterbuch der Pädagogik" mehr als ein Nachschlagewerk, denn es antwortet nicht eng auf Fragen, sondern es stellt die nötigen Querverbindungen her und regt an zum weiteren Nachschlagen und zum Vertiefen. Dazu sind die umfangreichen Literaturhinweise sehr hilfreich.

„... Diese drei Paperbacks können vielerorts eine kleine Fachbibliothek ersetzen und sind somit ihren Preis wert."
Kultus und Unterricht

Durch jede Buchhandlung erhältlich.

Verlag Herder · Freiburg · Basel · Wien